Gert Jugert | Anke Rehder | Peter Notz | Franz Petermann
Soziale Kompetenz für Jugendliche

AF559461

Pädagogisches Training

Gert Jugert | Anke Rehder | Peter Notz |
Franz Petermann

Soziale Kompetenz für Jugendliche

Grundlagen und Training

9., überarbeitete Auflage

Die Autoren

Gert Jugert, Jg. 1940, Dr. phil., ist Gründer des Bremer Instituts für Pädagogik und Psychologie (www.bipp-bremen.de). Seine Arbeitsschwerpunkte sind soziales Lernen, Prävention von Verhaltensstörungen, Supervision, Fort- und Weiterbildung.

Anke Rehder, Jg. 1959, Dipl.-Psych., ist Mitarbeiterin der Hans-Wendt-Stiftung, Bremen. Ihre Arbeitsschwerpunkte sind Verhaltensstörungen bei Kindern und Jugendlichen, Mediation und Coaching.

Peter Notz, Jg. 1960, Dipl.-Psych., ist selbständiger Psychologe mit dem Schwerpunkt Beratung, Entwicklungsförderung nach Marte Meo (www.martemeo-bremen-umzu.de), Selbstregulierung, Konfliktklärung und Evaluation.

Franz Petermann, Jg. 1953, Dr. phil., ist Professor für Klinische Psychologie und Direktor des Zentrums für Klinische Psychologie und Rehabilitation der Universität Bremen (www.zrf.uni-bremen.de). Sein Arbeitsschwerpunkt bezieht sich vor allem auf das Themengebiet Verhaltensstörungen bei Kindern und Jugendlichen.

Das Werk einschließlich aller seiner Teile ist urheberrechtlich geschützt. Jede Verwertung ist ohne Zustimmung des Verlags unzulässig. Das gilt insbesondere für Vervielfältigungen, Übersetzungen, Mikroverfilmungen und die Einspeicherung und Verarbeitung in elektronische Systeme.

Dieses Buch ist erhältlich als:
ISBN 978-3-7799-3204-8 Print
ISBN 978-3-7799-4506-2 E-Book (PDF)

9., überarbeitete Auflage 2016

© 2016 Beltz Juventa
in der Verlagsgruppe Beltz · Weinheim Basel
Werderstraße 10, 69469 Weinheim
Alle Rechte vorbehalten

Cartoons: Holger Fischer, Aurich, und Elisabeth Jugert, Berlin

Herstellung: Hannelore Molitor
Satz: Marion Gräf-Jordan, Heusenstamm
Druck und Bindung: Beltz Bad Langensalza GmbH, Bad Langensalza
Printed in Germany

Weitere Informationen zu unseren Autoren und Titeln finden Sie unter: www.beltz.de

Vorwort

Die existenzielle Lage der Jugendlichen wird von mehreren gesellschaftlichen Faktoren beeinflusst. Dazu gehören die Veränderungen des Arbeitsmarktes und der Berufsbildung, die Umgestaltung der Schule und die Auflösung der familiären Bindung. Der Lockerung der gesellschaftlichen Bindungen steht die Ausformung neuer Muster der Erwerbstätigkeit und Freizeit gegenüber.

Die soziologische und psychologische Jugendforschung beschreibt die sich daraus ergebenden Probleme vieler Jugendlicher und fordert bildungs- und gesellschaftspolitische Reformen.

Das Problem eines Teils der Jugendlichen liegt darin, dass sie die Entwicklungsaufgabe „Soziale Kompetenz" mehr oder weniger verfehlen. Dieser Mangel hat einschneidende Konsequenzen für ihr persönliches und berufliches Leben. Sie scheitern am Schulabschluss, bei der Suche nach einem Ausbildungsplatz sowie in der Berufsausbildung. Sie haben ein Problem bei dem Aufbau von Partnerbeziehungen und anderen Rollen, die unsere Gesellschaft für Heranwachsende bereithält.

Mit Entwicklungsproblemen dieser Art schlagen sich viele Jugendliche herum. Auf dem Hintergrund dieser Probleme entstand das Buch FIT FOR LIFE im Jahr 2001. Das Ziel ist nach wie vor die aktuelle und *präventive Förderung* von sozialen und berufsbezogenen Fähigkeiten und Fertigkeiten Jugendlicher.

Um unseren oben genannten Zielen, Zielgruppen, Partnern und der Aufgabe des Buches gerecht zu werden, haben wir uns besonders mit

- der sozialen Kompetenz, ihrer Grundlage und Förderung bei den Jugendlichen sowie
- der Fortbildung zu dem Training sozialer Kompetenz theoretisch und praktisch beschäftigt.

Die Ergebnisse unserer Bemühungen legen wir in diesem Buch vor.

Wir haben uns außerdem von dem Ziel leiten lassen, mit dem vorliegenden Buch allen Interessierten eine theoretische Orientierung zur Verfügung zu stellen. Dieses dient mit dem dazugehörigen Manual FIT FOR LIFE (Jugert, G., Rehder, A., Notz, P. und Petermann, F., 2017; 11., überarbeitete Auflage. Weinheim: Beltz Juventa) dazu, mit Jugendlichen ein effektives Training sozialer Kompetenz durchzuführen.

Das vorliegende Buch, in Kombination mit dem oben genannten Manual, wurde durch ein Projekt der Universität Bremen ermöglicht. Gefördert wurde es vom Sozialfond der Europäischen Union (ESF) und von der vormaligen Bundesanstalt für Arbeit, heute Bundesagentur. Mit Institutionen der Berufsvorbereitung und Berufsausbildung als Partnern wurde es realisiert und evaluiert.

Außer den Autoren sind an der Herstellung des Buches Personen in der Berufsbildung, in Schulen, an der Universität und auf Fachtagen beteiligt gewesen, denen wir wertvolle Anregungen, Diskussionen, Hinweise, Ermunterung und Rückmeldung verdanken.

Einen besonderen Dank für kritisches Lesen und Korrigieren des Manuskriptes schulden wir Frau Diplom-Psychologin Hedwig Jugert. Wir sprechen ebenfalls dem Verlag unseren Dank für die Realisierung der Veröffentlichung aus.

Wir danken auch Frau Dipl.-Psych. Julia Fern für ihre Hilfe bei den Abschlussarbeiten am Manuskript.

Wir freuen uns darüber, dass unser Buch vom Jahr 2001 bis heute eine so positive Aufnahme bei der Leserschaft gefunden hat.

Das Buch wurde gründlich überarbeitet, aktualisiert und um einige Abschnitte erweitert, zum Beispiel um das Kapitel 1 „Soziale Kompetenz: Grundlagen und Förderung“. Unter dem Titel „Effekte des Trainings“, im Kapitel 2.8, wurden die Ergebnisse der Haupt- und einer Reihe von Einzelstudien (aus dem Zeitraum 1999–2010) in einer besser lesbaren Fassung dargestellt.

Wir hoffen, dass unser Buch auch in Zukunft eine ähnlich positive Aufnahme finden wird und sind für Rückmeldungen aus unserer Leserschaft wie immer dankbar.

Bremen, im Oktober 2016

Gert Jugert, Anke Rehder, Peter Notz, Franz Petermann

Inhalt

1. Soziale Kompetenz: Grundlagen und Förderung

1.1 Definition von sozialer Kompetenz

Soziale Kompetenz bezieht sich auf alle Fertigkeiten, die für ein zufriedenes Zusammenleben erforderlich sind. Solche Fertigkeiten setzen folgende Teilfertigkeiten voraus:

- Eine differenzierte soziale Wahrnehmung,
- eine komplexe soziale Urteilsfähigkeit und
- ein umfassendes Repertoire an sozialen Handlungsweisen.

Die sozialen Fertigkeiten orientieren sich an den Anforderungen einer Situation, den Ressourcen und den persönlichen Bedürfnissen der Beteiligten, aber auch an gesellschaftlichen Normen. Soziale Fertigkeiten, zum Beispiel Durchsetzungsvermögen, Selbstsicherheit, Kontakt und Kooperationsfähigkeit, dienen in der Entwicklung von Jugendlichen dazu, den Betroffenen einen akzeptablen Kompromiss zwischen sozialer Anpassung und der Realisierung persönlicher Bedürfnisse zu ermöglichen.

Bei der sozialen Kompetenz handelt es sich um ein psychologisches Konzept, das seit über 40 Jahren diskutiert wird. Hauptsächlich dient der Begriff dazu, entweder Entwicklungsziele im Kindes- und Jugendalter zu beschreiben oder Therapieziele in der Verhaltenstherapie zu konkretisieren. Hierbei bildet soziale Kompetenz kein einheitliches oder eindimensionales Konzept, sondern ein komplexes Gebilde, das durch Begriffe wie „Selbstsicherheit", „Durchsetzungsvermögen" oder „Kontaktfähigkeit" nur teilweise definiert werden kann. Hinzu kommt, dass die Verhaltensweisen, die soziale Kompetenz ausmachen, altersabhängig sind, das heißt im Entwicklungsverlauf an Komplexität zunehmen (vgl. Petermann, 2002; Denham et al., 2009).

Eine einfache Form, soziale Kompetenz zu präzisieren, ergibt sich aus der Orientierung am Entwicklungsverlauf und den daraus resultierenden Entwicklungsaufgaben. Kinder und Jugendliche – so das Konzept von Havighurst (1982) – übernehmen durch Auseinandersetzung mit den unterschiedlichsten Anforderungen neue Aufgaben und Rollen. Für die uns hier vor allem interessierende Gruppe der 12- bis 18-Jährigen definiert schon Havighurst acht Entwicklungsaufgaben:

- Neue und reifere Beziehungen zu Altersgenossen beiderlei Geschlechts aufbauen,
- die männliche und weibliche Geschlechtsrolle übernehmen,
- die eigene körperliche Erscheinung akzeptieren,
- von den Eltern und anderen Erwachsenen emotional unabhängig sein,
- Partnerschaft und Familienleben vorbereiten,
- Werte und ethisches System erlangen, die als Leitfaden für das Verhalten dienen;
- sozial verantwortliches Handeln erstreben und erreichen.

Aufgrund gesellschaftlicher Veränderungen postulieren Hurrelmann und Quenzel (2013), dass die von Havighurst formulierten Entwicklungsaufgaben nicht mehr den tatsächlichen Anforderungen an einen jungen Menschen heute entsprechen. Ihrer Meinung nach gibt es den „typischen Lebenslauf" mit den darin enthaltenen „Fixpunkten" (z.B. Ehe) so heute nicht mehr. Aus diesem Grund schlagen die Autoren folgende vier Entwicklungsaufgaben vor (Hurrelmann & Quenzel, 2013, S. 28):

- **Qualifizieren**: Ausbau und Ausbildung kognitiver und sozialer Kompetenzen, die es dem Jugendlichen ermöglichen, sich auf ein berufliches Ziel hin zu orientieren und darauf vorzubereiten.
- **Binden**: Zunehmende Autonomie von der Herkunftsfamilie, gleichzeitig Eingehen von (intimen) Partnerschaften.
- **Konsumieren**: Aufbau eines sozialen Netzes, Aufbau und Pflegen von Freundschaften, Schaffen von Freizeitstrukturen, Umgang mit digitalen Medien.
- **Partizipieren**: Bilden eines eigenen Normensystems und moralischer Wertvorstellungen.

Betrachtet man die für das Jugendalter sowohl von Havighurst (1982), als auch von Hurrelmann und Quenzel (2013) vorgeschlagenen Entwicklungsaufgaben, wird deutlich, wie bedeutsam soziale Kompetenz ist. Sich in der beruflichen Welt zurechtzufinden, eine Partnerschaft oder enge Freundschaft einzugehen und sich mit gesellschaftlichen Fragestellungen auseinanderzusetzen, erfordert entsprechende soziale Kompetenzen.

Soziale Kompetenz umfasst eine Vielzahl von Fähigkeiten, Sozialverhalten – in Abhängigkeit von Kontextbedingungen – differenziert zu äußern. Am deutlichsten springt das Fehlen sozialer Kompetenz ins Auge. Jugendliche mit sozial inkompetentem Verhalten sind vermeidend-unsicher (Petermann & Suhr-Dachs, 2013; Mesa, Beidel & Bunnel, 2014) oder aggressiv (vgl. Petermann & Petermann, 2013), um die beiden Verhaltensextreme zu benennen.

Mangelnde soziale Kompetenz begünstigt sowohl die Entwicklung internalisierender als auch externalisierender Probleme und dissozialen Verhaltens bei Jugendlichen (Petermann & Petermann, 2013b; Burt, Obradovic, Long & Masten, 2008; Sorlie, Hagen & Ogden, 2008; Burt & Roisman, 2010; Bornstein, Hahn & Haynes, 2010). Vieles spricht dafür, sozial kompetentes Verhalten als situationsspezifisches und gut trainierbares Merkmal aufzufassen. Soziale Kompetenz beeinflusst die Akzeptanz in der Gruppe der Gleichaltrigen, den Schulerfolg und fördert die berufliche Karriere. Sozial kompetente Menschen sind nicht nur sozial akzeptierter, sie weisen auch vielfältige Schutzfaktoren auf, die vor psychosozialen Krisen oder psychischen Krankheiten schützen können (vgl. Fuhrer, 2013). In dieser Hinsicht kann man in Anlehnung an Bloomquist (1996) soziale Kompetenz als Fähigkeit definieren, umweltbezogene und persönliche Ressourcen gezielt so einzusetzen, dass eine optimale Entwicklung möglich wird.

Nachdem die Funktionen der sozialen Kompetenz (bezogen auf die schulische und berufliche Laufbahn), die Entwicklung eines sozialen Netzes beziehungsweise die Herausbildung psychischer Störungen thematisiert wurden, sollen die Definitionsmerkmale weiter spezifiziert werden. Der Begriff „soziale Kompetenz" beinhaltet eine Bewertung eines Verhaltens (vgl. McFall & Dodge, 1982; Kanning, 2009a). Diese resultiert aus der Einschätzung, wie eine gestellte (soziale) Aufgabe, zum Beispiel mit anderen in Kontakt zu kommen, gelöst wird. Je nachdem wie gut es gelingt, die Aufgabe zu bewältigen, spricht man von einem sozial kompetenten oder inkompetenten Verhalten. Die Einschätzung eines Verhaltens als kompetent oder inkompetent hängt von Normen (Rollenerwartungen) ab, die je nach Alter, Geschlecht, Beruf, Status und Kultur sehr verschieden sein können.

Es wurde bereits erwähnt, dass soziale Kompetenz auch unter dem Entwicklungsaspekt gesehen werden kann (vgl. Denham et al., 2009). So führen Entwicklungspsychologen an, dass soziale Kompetenz als Katalog von Entwicklungszielen definiert werden kann, der mindestens die folgenden fünf Aspekte umfasst:

- Fähigkeit zur Perspektivenübernahme,
- Erkennen des Stellenwerts von Freundschaften,
- Problemlösestrategien für soziale Interaktionen,
- Entwicklung von moralischen Wertvorstellungen und
- kommunikative Fähigkeiten.

Eine Reihe dieser Aspekte wurde bereits im Konzept der Entwicklungsaufgaben in der Variante von Hurrelmann und Quenzel (2013) aufgegriffen.

Die Klinische Kinderpsychologie interessiert sich – in Ergänzung der Sichtweise der Entwicklungspsychologie – vor allem dafür, wann sozial kompetentes Verhalten überhaupt gezeigt werden kann. Ob dies gelingt, hängt von mindestens drei Aspekten ab (vgl. Petermann, 2013b):

- einer klar definierten Aufgabe, die im sozialen Kontext zu bewältigen ist;
- den verfügbaren Fertigkeiten, die zur erfolgreichen Bewältigung nötig sind und
- der Bewertung des aufgabenbezogenen Verhaltens in einer konkreten sozialen Situation.

Bei diesem Definitionsversuch muss vor allem der Begriff „verfügbare Fertigkeiten" konkretisiert werden. Hierunter werden detailliert beschriebene soziale Fertigkeiten verstanden, die in einem Verhaltenstraining eingeübt werden können. Die Verfügbarkeit solcher Fertigkeiten allein macht jedoch noch keine soziale Kompetenz aus. Entscheidend ist vielmehr, dass und wie die Fertigkeiten im sozialen Kontext eingesetzt werden.

Young, Caldarella, Richardson und Young (2012, S. 63) bezeichnen soziale Fertigkeiten als „Verhaltensweisen, die ein Jugendlicher für eine erfolgreiche Interaktion mit anderen Menschen benötigt". Ein solches sozial kompetentes Verhalten weist drei Merkmale auf:

- Das Verhalten bezieht sich immer auf eine Interaktion zwischen zwei oder mehr Personen. Somit sind solche Verhaltensweisen, die in einem zwischenmenschlichen Kontext stattfinden, zentrale soziale Fertigkeiten.
- Soziale Fertigkeiten erfordern eine Handlung (z.B. aktives Problemlösen).
- Sozial kompetentes Verhalten beachtet den Kontext und wendet verschiedene Fertigkeiten sowohl situationsübergreifend als auch situationsspezifisch an.

Sozial kompetent verhält sich, wer die verfügbaren Fertigkeiten flexibel, aufgaben- und situationsangemessen einzusetzen versteht.

In der Psychologie werden die Begriffe „soziale Kompetenz" und „soziale Fertigkeiten" weitgehend synonym verwendet (vgl. Merell & Gimpel, 2014). Ein sachgemäßer Wortgebrauch wäre jedoch, den Begriff „soziale Kompetenz" als Oberbegriff für soziale Fertigkeiten zu verwenden (vgl. Kanning, 2009a).

1.2 Zur Unterscheidung von sozialer Kompetenz und sozialen Fertigkeiten

Am einfachsten gelingt es, die beiden Begriffe auseinanderzuhalten, indem man sich die Formen sozialer Fertigkeiten vor Augen führt. Gambrill (1995) gibt für Kinder und Jugendliche folgende soziale Fertigkeiten an.

Wichtige soziale Fertigkeiten im Kindes- und Jugendalter
(Gambrill, 1995)

- Versuchungen zurückweisen,
- auf Kritik reagieren,
- Änderungen bei störendem Verhalten verlangen,
- Unterbrechungen im Gespräch unterbinden,
- Schwächen eingestehen,
- erwünschte Kontakte arrangieren,
- unerwünschte Kontakte beenden,
- Komplimente äußern,
- Komplimente akzeptieren,
- auf Kontaktangebote reagieren,
- Gespräche beginnen,
- Gespräche aufrechterhalten,
- Gespräche beenden,
- jemanden um einen Gefallen bitten,
- Widerspruch äußern,
- sich entschuldigen,
- Nein-Sagen und
- Gefühle offen zeigen.

Die Liste solcher Fertigkeiten lässt sich noch erheblich verlängern. So wird ein Fertigkeitstraining diese Feinziele zunächst einmal ordnen müssen, wie dies in den siebziger und achtziger Jahren die Arbeitsgruppe um Goldstein vorbildlich durchführte (s. Petermann & Petermann, 2010).

Die Aufzählung verdeutlicht, wie stark soziale Fertigkeiten untergliedert werden können. Eine solche Feingliederung erleichtert den Erwerb neuer Fertigkeiten, macht jedoch den Aufbau einer umfassenden sozialen Kompetenz zu einem langwierigen Prozess. Dies umgeht man, indem man eine Lernzielhierarchie vorgibt, die mit den einfachsten Fertigkeiten beginnt und schrittweise zu komplexeren Fertigkeiten übergeht. Generell gilt jedoch, dass die zu vermittelnden sozialen Fertigkeiten nach den Bedürfnissen und Lernvoraussetzungen der beteiligten Personen detailliert auszugestalten sind. Beispielhaft wird dies in folgender Feingliederung aufgelistet.

Beispiel für eine Feingliederung einer sozialen Fertigkeit

In einem sozialen Kompetenztraining müssen die einzuübenden sozialen Fertigkeiten soweit untergliedert werden, dass sie in den Trainingssitzungen bearbeitet werden können. So gliedert sich die soziale Fertigkeit „Freizeitaktivitäten mit anderen durchführen" in die folgenden Komponenten auf:

- eine Aktivität auswählen,
- Personen aussuchen, mit denen man die Aktivität ausüben möchte und die auch Zeit dazu haben,
- die jeweiligen Personen aufsuchen,
- sie ansprechen mit „Würdest Du mit mir (Name der Aktivität)?" und
- wenn die Antwort „ja" lautet, die Person auffordern, einen dazu passenden Ort aufzusuchen und mit der Aktivität zu beginnen oder
- wenn die Antwort „nein" lautet, sich damit abfinden und jemand anderen aufsuchen und fragen.
- Die Einzelheiten der Ausgestaltung hängen von den Bedingungen der beteiligten Personen und dem situativen Kontext ab.

Die Feinziele sozialer Fertigkeiten können nur erreicht werden, wenn die Betroffenen eine differenzierte soziale Wahrnehmung entwickeln, eine angemessene soziale Urteilsfähigkeit herausbilden und schrittweise ein umfassendes Repertoire an sozialen Handlungsweisen aufbauen. All diese Voraussetzungen basieren auf Lernprozessen, die durch Verhaltenstrainings gezielt gefördert werden können. Selbstverständlich sind in unterschiedlichen Lebensbereichen eines Jugendlichen (z.B. Elternhaus, Freundeskreis, Schule, Ausbildungsplatz) spezifische Fertigkeiten gefordert, die sich im Zuge verschiedener sozialer Erfahrungen zu einer „Lebenskompetenz" ausformen. Unter Lebenskompetenzen lassen sich „Fähigkeiten [verstehen], die für positives und günstiges Verhalten benötigt werden, um die Anforderungen des täglichen Lebens zu meistern" (Mahmoudi & Moshayedi, 2012, S. 1156). Diese Fähigkeiten werden als essentiell für eine positive Entwicklung Jugendlicher betrachtet und umfassen beispielsweise ein positives Selbstkonzept, ein stabiles Selbstwert- und Selbstwirksamkeitsgefühl, ein eigenes Wert- und Normensystem und das Gefühl der Zugehörigkeit zu anderen Menschen mit dadurch entstehenden prosozialen Verhaltensweisen (Guerra & Bradshaw,

2008; Lerner et al., 2005). Soziale Kompetenzen stellen somit einen wesentlichen Bestandteil von Lebenskompetenzen dar.

Interessant ist eine Analyse von Caldarella und Merrell (1997), die fünf grundlegende Aspekte herausfanden, die für die Entwicklung sozialer Fertigkeiten bei Jugendlichen zentral sind. Diese Aspekte sind nach ihrer Wichtigkeit in der folgenden Aufzählung geordnet.

Soziale Fertigkeiten: Fünf grundlegende Aspekte
(Caldarella & Merrell, 1997)

- Interaktionsfertigkeiten mit Gleichaltrigen,
- Fertigkeiten des Selbstmanagements (Selbstkontrolle etc.),
- schulbezogene Fertigkeiten (z.B. Regeln in der Schule respektieren),
- Kooperations- und Mitwirkungsbereitschaft,
- Durchsetzungsvermögen im Sinne von Selbstsicherheit (z. B. beim Knüpfen von Sozialkontakt).

Solche sozialen Fertigkeiten können gezielt, zum Beispiel in Rollenspielen, eingeübt werden; wichtig ist vor allem, dass sie im Sozialkontakt, sofern dieser befriedigend verläuft, bekräftigt und optimiert werden (vgl. Merrell & Gimpel, 2014).

1.2.1 Soziale Fertigkeiten im Jugendalter

Wie in jeder Entwicklungsphase müssen auch im Jugendalter spezifische soziale Fertigkeiten entwickelt werden, um die Herausforderungen dieses Altersabschnitts erfolgreich bewältigen zu können. Der Alltag eines Jugendlichen verlangt andere (zwischenmenschliche) Fertigkeiten als der Alltag eines Grundschülers. Allerdings werden soziale Fertigkeiten, die in früheren Entwicklungsabschnitten von hoher Bedeutung waren, nicht abgelöst, sondern vielmehr ergänzt bzw. erweitert. Aufgrund veränderter sozialer Strukturen und Gruppenbildungen (Cliquen, unterschiedliche Freizeitaktivitäten und Hobbys) ist ein Jugendlicher zunächst vor die Aufgabe gestellt, sich innerhalb dieser Strukturen zu „organisieren" (Bierman et al., 2010). Dafür muss ein Jugendlicher über bestimmte soziale Fertigkeiten verfügen (vgl. Kauffman & Kinnealey, 2015; Holopainen et al., 2012; Bierman et al., 2010).

So kann ein Jugendlicher als sozial kompetent bezeichnet werden, wenn es ihm gelingt, mit komplexen sozialen Strukturen umzugehen, sich selbst einen Platz unter Freunden zu sichern und Gruppendruck widerstehen zu können (Bierman et al., 2010, S. 128).

1.3 Einflussfaktoren auf die soziale Kompetenz

Es sind zahlreiche Faktoren bekannt, die die Ausprägung der sozialen Kompetenz eines Jugendlichen beeinflussen, so betonen verschiedene Autoren die Wechselbeziehung zwischen emotionaler und sozialer Kompetenz (Denham, 1998; Saarni, 2002), wobei davon ausgegangen wird, dass eine hohe emotionale Kompetenz die Grundlage für die Entwicklung sozial kompetenten Verhaltens darstellt (vgl. Petermann & Wiedebusch, 2016).

Soziale Interaktionen und Beziehungen werden von Emotionen begleitet, beeinflusst und definiert (Halberstadt, Denham & Dunsmore, 2001). Die Fähigkeit, die eigenen Emotionen und das darauf bezogene Verhalten zu regulieren und konstruktiv mit stressvollen Situationen umzugehen, geht mit einer hohen sozialen Kompetenz und einer größeren Beliebtheit unter Gleichaltrigen einher (z.B. Eisenberg et al., 2002). Um Zurückweisung durch Gleichaltrige zu vermeiden, müssen Jugendliche u.a. lernen, ihren Ärgerausdruck zu reduzieren („cool bleiben“), den Ausdruck von Triumph bei Fehlschlägen eines Anderen oder von Neid bei Erfolgen anderer zu kontrollieren (Denham et al., 2011). Jugendliche, die ihre Emotionen nicht angemessen regulieren können (z.B. sich aggressiv verhalten, wenn sie wütend sind), sind hingegen besonders gefährdet, Verhaltensstörungen zu entwickeln (z.B. Eisenberg & Morris, 2001).

Denham et al. (2011) haben ein Modell emotionaler Kompetenz entwickelt, das deren komplexes Zusammenspiel mit sozialer Kompetenz verdeutlicht. Im Fokus stehen dabei drei Grundkomponenten, die entscheidend sind für den Erfolg in diesen sozialen Entwicklungsaufgaben:

- Emotionserleben,
- Emotionsausdruck und
- Emotionsverständnis.

Emotionserleben bezieht sich vor allem auf das Erkennen eigener Emotionen und die effektive Regulation des eigenen Emotionsausdrucks im Kontext einer sozialen Interaktion. Die Fähigkeit, Emotionen zu erkennen, zu regulieren und anderen zu kommunizieren (oder nicht zu „verstecken“), ist bedeutsam für erfolgreiche soziale Beziehungen. Um emotional kompetent zu sein, muss eine Person zunächst wahrnehmen, dass sie eine Emotion erlebt und deren Bedeutung erkennt. Sie muss zudem ihr emotionales Erleben einordnen und in einen sozialen Kontext einbetten. Weiterhin muss sie ihr emotionales Erleben regulieren, wenn sich das Vorhandensein oder Nichtvorhandensein eines Emotionsausdrucks und -erlebens störend auf ihre Ziele auswirken würde. Emotionsregulation kann emotional, kognitiv oder handlungsbezogen erfolgen.

Emotionen müssen im Einklang mit den Zielen eines Jugendlichen und in Übereinstimmung mit dem sozialen Kontext ausgedrückt werden. Somit gehört zu emotionaler Kompetenz der Emotionsausdruck in einer Form, die von Vorteil für die momentane Interaktion und langfristig bestehende Beziehungen ist. Eine emotional kompetente Person ist sich **erstens** dessen bewusst, dass eine affektive Botschaft in einem bestimmten Kontext gesandt werden muss. **Zweitens** muss sie lernen, welche Emotionsausdrücke ihre Ziele in einem gegebenen sozialen Kontext fördern. **Drittens** muss diese Person, nachdem sie die situationsangemessene affektive Botschaft bestimmt hat, diese überzeugend senden. **Viertens** müssen affektive Botschaften innerhalb der Grenzen von Darbietungsregeln (Konventionen, allgemein anerkannter Normen) gesendet werden (vgl. Halberstadt et al., 2001; als Überblick vgl. Petermann, 2002).

In den letzten Jahren kommt der Fähigkeit zur Emotionsregulation eine zentrale Bedeutung im Rahmen der Entstehung psychischer Störungen zu (z.B. Barnow, 2012; Kullik & Petermann, 2012). Schon Hoeksema, Oosterlaan und Schipper (2004) fassen drei Komponenten der Emotionsregulation zusammen:

- Die Wahrnehmung einer Bedarfssituation: erkennen, dass Regulation von Nöten ist,
- die Festlegung eines Regulationsziels und
- die Veränderung des emotionalen Zustands in eine gewünschte Richtung.

Wird dieser Prozess willentlich betrieben, verspricht die Regulation erfolgreich zu sein, im Gegensatz zum unbewussten Ablauf des Prozesses. Eine willentliche Steuerung der Emotionen wird von Holodynski, Seeger, Kortas-Hartmann und Wörmann (2014) als reflexive Emotionsregulation definiert und als Fertigkeit verstanden, eine dominante Reaktion zu Gunsten einer weniger dominanten zu unterdrücken. Dies wird in erster Linie über die Aufmerksamkeits- und Verhaltenssteuerung erreicht.

Aufgrund der Wechselwirkung von emotionaler und sozialer Kompetenz ist davon auszugehen, dass eine Förderung der verschiedenen Bereiche emotionaler Kompetenz sich positiv auf das Sozialverhalten von Jugendlichen auswirkt und in der Folge damit negativen Entwicklungen (z.B. psychischen Störungen) vorgebeugt werden kann. Zu den Bereichen, deren Förderung sich positiv auf die soziale Kompetenz und hemmend auf Verhaltensprobleme auswirkt, gehören beispielsweise Emotionswissen und -erleben (u.a. Wahrnehmung, Erkennen und Benennen eigener und fremder Gefühle), Emotionsregulation (Steuerung eigener Gefühle) und Empathie (Domitrovich, Cortes & Greenberg, 2007; Eisenberg et al., 2005; Fraser et al., 2006; Holsen, Smith & Frey, 2008).

1.3.1 Soziale und emotionale Kompetenz im Jugendalter

Betrachtet man das Jugendalter als eine Phase des Umbruchs, lässt sich die Bedeutung emotionaler Kompetenz für das sozial (kompetente) Handeln eines Jugendlichen gut nachvollziehen. Das Jugendalter kann als eine Phase bezeichnet werden, in der Emotionen oft als intensiv empfunden werden, gleichzeitig aber das bewusste Erkennen der Emotionen noch nicht voll entwickelt ist (Eastabrook et al., 2014). So vermuten beispielsweise Garcia und Scherf (2015), dass das Erkennen von komplexen sozialen Emotionen für das Erfüllen von bestimmten Entwicklungsaufgaben notwendig ist. Um beispielsweise enge und vertrauensvolle Freundschaften einzugehen und aufrechtzuerhalten, ist es im Jugendalter wichtig, „zwischen den Zeilen lesen zu können", also subtilere (komplexere) Emotionen bei anderen Personen erkennen zu können (z.B. Herablassung, (Miss-) billigung oder Bewunderung). Um die eigenen Emotionen jedoch angemessen ausdrücken zu können, muss eine entsprechende Emotionsregulation stattfinden.

Eine effektive und günstige Regulation setzt voraus, dass ein Jugendlicher über ein differenziertes Emotionsbewusstsein und -verständnis verfügt; um zu wissen, wie mit den Emotionen umzugehen ist, muss ein Jugendlicher erst klären, „was" er gerade fühlt (Eastabrook et al., 2014). In sozialen Interaktionen wirkt sich die Art und Weise, wie ein Jugendlicher seine Emotionen reguliert, darauf aus, wie er auf das Verhalten eines Interaktionspartners reagiert (Blair et al., 2015). So wird beispielsweise ein Jugendlicher, der von einem Mitschüler beleidigt wird und dies umdeutet („Vielleicht hatte er einen miesen Tag und das hat nichts mit mir zu tun."), einer Eskalation eher vorbeugen und einen günstigen Ausgang der Interaktion herbeiführen. Unter Berücksichtigung der wachsenden Bedeutung von Freundschaften und den Entwicklungsaufgaben im Jugendalter (bspw. Autonomie von den Eltern bei gleichzeitigem Eingehen enger Bindungen zu Gleichaltrigen) lässt sich die Notwendigkeit eines günstigen Umgangs mit eigenen Emotionen und den Emotionen Anderer deutlich erkennen.

Dieses Zusammenspiel sozialer und emotionaler Kompetenz verdeutlicht, dass ein Programm zur Förderung sozialer Kompetenzen immer auch eine Förderung emotionaler Kompetenzen miteinbeziehen sollte (Berkovits & Baker, 2014).

Idealerweise sollten Programme zur Förderung emotionaler und sozialer Kompetenzen schon im Vorschulalter beginnen und bis zum Schulabschluss weitergeführt werden. Die Arbeitsgruppe für schulisches, soziales und emotionales Lernen (Collaborative for Academic, Social, and Emotional Learning, CASEL Guide, 2013) hat fünf grundlegende, lehrbare Kompetenzen identifiziert, die ein Fundament für eine effektive Entwicklung bilden.

Grundlagen effektiver Entwicklung: Lehrbare Kompetenzen
(aus dem CASEL Guide, 2013)

1. **Selbsterkenntnis:** wissen, was man fühlt und denkt; eine realistische Einschätzung der eigenen Fähigkeiten und ein fundiertes Selbstbewusstsein haben.
2. **Soziales Bewusstsein:** verstehen, was andere Personen fühlen und denken; verschiedene Gruppen zu schätzen wissen und positiv mit diesen interagieren.
3. **Selbstmanagement:** mit den eigenen Emotionen so umgehen können, dass sie die Aufgabenbewältigung erleichtern statt behindern; sich Ziele setzen und diese erreichen; trotz Frustrationen und Rückschlägen nicht aufgeben.
4. **Beziehungsfertigkeiten:** positive Beziehungen aufbauen und erhalten, basierend auf klarer Kommunikation und Kooperation, Widerstand gegenüber unangemessenem sozialen Druck, Aushandeln von Konfliktlösungen und bei Bedarf Einholen von Unterstützung.
5. **Verantwortungsvolle Entscheidungen treffen:** Entscheidungen treffen auf der Basis von genauer Berücksichtigung aller relevanter Faktoren und den wahrscheinlichen Konsequenzen alternativer Handlungswege, andere Personen respektieren und Verantwortung übernehmen für die eigenen Entscheidungen.

Abgesehen von der Verbesserung sozialer Kompetenzen stehen bei vielen sozial-emotionalen Förderprogrammen Themen wie die Prävention von Substanzmissbrauch, Gewaltprävention, Sexualität oder Gesundheit und Persönlichkeitsbildung im Mittelpunkt. Einige Programme fördern auch sichere und unterstützende Lernumgebungen, die eine positive Bindung eines Jugendlichen an die Schule und Lernmotivation aufbauen; es handelt sich um Faktoren, die einen starken Zusammenhang mit Schulerfolg aufweisen (McNeely, Nonnemaker & Blum, 2002; Osterman, 2000; Weissberg & O'Brien, 2004).

1.4 Selbstsicherheit und soziale Kompetenz

Wolpe führte 1958 den Begriff „Assertiveness Training" (= Selbstsicherheitstraining) ein; mit dieser Publikation begann die Geschichte der Verhaltenstherapie. Ungefähr 20 Jahre später wurden die ersten deutschsprachigen Selbstsicherheitstrainings publiziert, die die Grundlage aller deutschsprachigen sozialen Kompetenztrainings bilden. Bereits 1983 wurde das erste Programm für sozial unsichere Kinder veröffentlicht (Petermann & Petermann, 2015). 1980 beziehungsweise 1987 erschienen die ersten Verhaltenstrainings für Jugendliche, die wesentliche Merkmale eines Selbstsicherheitstrainings aufwiesen (vgl. Pielmaier, 1980; Petermann & Petermann, 2010).

Die erwähnten Programme sollten Kinder und Jugendliche fördern, die Ängste (soziale Unsicherheit) oder aggressives Verhalten zeigen. In solchen Fällen liegt in der Regel kein sozial kompetentes Verhalten vor. Selbstsicherheitsprogramme üben somit Fertigkeiten ein, die eine Person beherrschen muss, um

- angemessen im Kontakt mit anderen Forderungen zu stellen,
- sich von anderen abzugrenzen (Nein-sagen-können),
- Gefühle (Freude, Wut, Trauer usw.) angemessen auszudrücken,
- Kritik angemessen zu formulieren und
- mit berechtigter und unberechtigter Kritik an der eigenen Person angemessen umzugehen.

Mit den Begriffen „Selbstsicherheit" oder „Selbstbehauptung" wird vielfach auch der Wunsch verknüpft, dass sich Menschen im sozialen Austausch als „faire" Partner verhalten und sich mit ihren Eigenheiten entfalten können, ohne damit die Rechte anderer Personen zu beschneiden. Der Begriff „soziale Kompetenz" wird häufig im Kontext der verhaltenstherapeutischen Behandlung von sozialen Ängsten, sozialer Unsicherheit oder sozialen Phobien als globales Therapieziel benannt. Für diese psychischen Störungen entwickelte man vor ungefähr vier Jahrzehnten in der Verhaltenstherapie die erwähnten Selbstsicherheitstrainings, mit deren Hilfe man – vor allem durch alltagsnahe Rollenspiele realisiert – sozial-kompetentes Verhalten bei Kindern, Jugendlichen und Erwachsenen fördern kann (vgl. Hersen et al., 1973; Petermann & Suhr-Dachs, 2013).

1.5 Zur Diagnostik der sozialen Kompetenz

Am unmittelbarsten kann man soziale Kompetenz durch Beobachtungsverfahren erfassen. Zwei Zugänge bieten sich an: Die Beobachtung im natürlichen Umfeld, das heißt in der Familie oder am Arbeitsplatz wird das Sozialverhalten erfasst.

Weiterhin kann man in vorgegebenen Situationen, zum Beispiel durch festgelegte Rollenspielthemen Einschätzungen gewinnen. In diesen Fällen konfrontiert man eine Person mit einer Aufgabe (sozialen Anforderung). Solche Anforderungen beziehen sich auf konkrete Situationen, zum Beispiel einen Aufsatz vor der Schulklasse vorlesen oder eine unbekannte Person ansprechen und um Auskunft bitten.

Soziale Kompetenz in seinen Facetten im Entwicklungsverlauf zu erfassen, stellt eine besondere Herausforderung dar. Zum einen scheint es wichtig, die Fülle an unterschiedlichen Feststellungen von sozialen Kompetenzdimensionen, ausgewählten Fähigkeiten und spezifischen kompetenten Verhaltensweisen zu sortieren. Einen solchen Versuch unternahm Kanning (2009a, S. 21) er untergliedert soziale Kompetenz in drei Dimensionen:

- Perzeptiv-kognitiver Bereich (z.B. Selbstaufmerksamkeit),
- motivational-emotionaler Bereich (z.B. prosoziales Verhalten) und
- einen behavioralen Bereich (bspw. Durchsetzungsfähigkeit).

Obwohl diese Unterteilung in drei große Dimensionen sozialer Kompetenz einen wesentlichen Beitrag zur Übersichtlichkeit der Begrifflichkeit leistet, kritisieren beispielsweise Bayer, Ditton und Wohlkinger (2012) die Vernachlässigung der Entwicklungsperspektive in dieser Sichtweise. Somit ist ein fundiertes entwicklungspsychologisches Wissen des Jugendalters bei der Einschätzung sozialer Kompetenz der behandelten Zielgruppe der 12- bis 18-Jährigen wesentlich und sollte bei den hier vorgestellten methodischen Zugängen mit einbezogen werden. Beispielsweise empfehlen Bierman et al. (2010, S. 132) aufgrund der wachsenden Bedeutung von Freundschaftsbeziehungen und der Stellung in der Gruppe der Gleichaltrigen im Jugendalter vor allem folgende Bereiche sozialer Kompetenz zu erheben: Kommunikationsfertigkeiten, Problemlösefertigkeiten (unter Berücksichtigung von Selbstbehauptung und Umgang mit Gruppendruck) sowie Akzeptanz und emotionale Unterstützung durch die Gruppe der Gleichaltrigen.

Grundsätzlich nennt Kanning (2009a) vier Vorgehensweisen, wie soziale Kompetenz erfasst werden kann: Kognitive Leistungstests, Verhaltensbeobachtung, Verhaltensbeschreibung und Erfassung von Kompetenzindikatoren.

Mit kognitiven **Leistungstests** wird das Wissen erfasst, das eine Person über den Umgang mit anderen Menschen besitzt. Somit bleibt aber soziale Kompetenz mitunter hypothetisch, da eine reale Umsetzung nicht beurteilt werden kann. Anhand einer **Verhaltensbeobachtung** kann sozial kompetentes Verhalten über verschiedene Situationen hinweg beurteilt werden und daraus auf das (Nicht-)Vorhandensein sozialer Kompetenz geschlossen werden. Die Verhaltensbeobachtung stellt aber eine sehr aufwändige Methode dar (Erdley et al., 2010). Diesem Nachteil gegenüber stehen jedoch auch einige Vorteile. So können Jugendliche in ihrem „natürlichen" Verhalten im Umgang mit Gleichaltrigen beobachtet werden, soziale Verhaltensweisen und Spielregeln beurteilt werden und Zusammenhänge zwischen Verhalten und Stellung in der Gruppe der Gleichaltrigen erschlossen werden (Wilson, Jordan & Kras, 2010).

Sicherlich einer der ökonomischsten und am häufigsten genutzten Ansätze zur Messung sozialer Kompetenz stellt die **Verhaltensbeschreibung** dar, die im Selbsturteil und Fremdurteil erfolgen kann. Ein standardisiertes Selbstbeurteilungsverfahren stellt hier das „Inventar sozialer Kompetenzen" (ISK) von Kanning (2009b) dar. Das ISK erfasst 17 Primärfaktoren sozialer Kompetenz, die auf vier Skalen (sekundäre Faktoren) zusammengefasst sind:

1. **Soziale Orientierung:** Übergreifend erfasst diese Skala Menschen, die sich gerne mit anderen Menschen umgeben, sich hilfsbereit zeigen und sich in ihr Gegenüber hineinversetzen können. Auch soll die Fähigkeit eines Menschen erfasst werden, Kompromisse schließen zu können und dabei eigene Vorstellungen und Werte – wenn nötig – hinterfragen und gegebenenfalls revidieren zu können. Die Primärfaktoren dieser Skala sind „Prosozialität", „Perspektivenübernahme", „Wertepluralismus", „Kompromissbereitschaft" und „Zuhören".
2. **Offensivität:** Mittels dieser Skala werden Personen erfasst, die sich aktiv mit Menschen in ihrer Umwelt auseinandersetzen, Entscheidungen treffen können und dabei auch eventuell auftretende Konflikte nicht scheuen. Die Primärfaktoren dieser Skala lauten „Durchsetzungsfähigkeit", „Konfliktbereitschaft", „Extraversion" und „Entscheidungsfähigkeit".
3. **Selbststeuerung:** Diese Skala soll die Ausgeglichenheit, Selbstwirksamkeit und Flexibilität einer Person bezüglich Anforderungen und Situationen mittels der Primärfaktoren „Selbstkontrolle", „emotionale Stabilität", „Handlungsflexibilität" und „Internalität" erheben.
4. **Reflexibilität:** Dieser Sekundärfaktor erfasst die Fähigkeit einer Person über sich selbst, seine Handlungen und seine Wirkung auf und mit anderen Menschen zu reflektieren und sich selbst „mit den Augen des Ande-

ren“ zu evaluieren. Die Erfassung erfolgt auf den Primärfaktoren „Selbstdarstellung“, „direkte Selbstaufmerksamkeit“, „Indirekte Selbstaufmerksamkeit“ und „Personenwahrnehmung“.

Jurkowski und Hänze (2014) entwickelten in Orientierung an die von Kanning (2009b) postulierten Primärfaktoren sozialer Kompetenz einen Fragebogen für die Altersspanne der 12- bis 17- Jährigen. Die Autoren erhalten im Gegensatz zu Kanning (2009b) eine sechsfaktorielle Struktur (Soziale Orientierung, Soziale Initiative, Selbstkontrolle, Emotionsregulation, Personenwahrnehmung und Selbstaufmerksamkeit).

Zwei ebenfalls standardisierte Verfahren zur Erfassung sozialer Kompetenz stellen die Lehrereinschätzliste für Sozial- und Lernverhalten (LSL; Petermann & Petermann, 2013a) und die Schülereinschätzliste für Sozial- und Lernverhalten (SSL; Petermann & Petermann, 2014) dar. Anhand der LSL (als Fremdbeurteilungsverfahren) und SSL (als Selbstbeurteilungsverfahren) ist es möglich, sowohl das Lernverhalten, als auch das Sozialverhalten eines Jugendlichen zu erfassen. Dabei wird in der LSL und der SSL das Sozialverhalten auf sechs Skalen erfasst:

1. **Kooperation:** Erfassung von Fertigkeiten in der Zusammenarbeit mit Mitschülern (z.B. zuhören, ausreden lassen, Kompromisse schließen können).
2. **Selbstwahrnehmung:** Erhebung des Ausmaßes, in welchem ein Jugendlicher sich selbst und sein Verhalten in Interaktionen reflektiert (z. B. die Reaktionen der Anderen miteinbezieht und sein Verhalten ggf. anpasst).
3. **Selbstkontrolle:** Hier wird die Fähigkeit, das eigene Verhalten willentlich und bewusst zu steuern, erfasst.
4. **Einfühlungsvermögen:** Anhand dieser Skala wird die Fähigkeit, sich in andere Personen hineinzuversetzen (beispielsweise die Traurigkeit eines Mitschülers nach einer schlechten Note verstehen und „mitfühlen“ zu können), gemessen.
5. **Selbstbehauptung:** Auf dieser Skala werden die Konfliktlösefertigkeiten eines Jugendlichen erfasst und zum Beispiel erhoben, inwieweit ein Jugendlicher in Konfliktsituationen in der Lage ist, seine eigenen Bedürfnisse auf sozial akzeptable Weise zu erreichen.
6. **Sozialkontakt:** Erfasst werden hier die Kompetenzen eines Jugendlichen zu Kontaktaufnahme und Beziehungsaufbau zu Mitschülern.

LSL und SSL stellen Erhebungsverfahren dar, die sowohl einzeln oder in Ergänzung zueinander verwendet werden können. Auch wenn Lehrer- und Schülereinschätzungen bezüglich des Sozial- und Lernverhaltens teilweise nicht völlig übereinstimmen (Petermann & Petermann, 2014), ermöglichen mehrere Perspektiven dem Diagnostiker ein umfassenderes Bild und stellen eine komplexere Information dar (Erdley et al., 2010). Welche Informationsquellen dabei herangezogen werden, sollte – wie bereits erwähnt – unter Einbezug der spezifischen Besonderheiten des Jugendalters festgelegt werden.

Bierman et al. (2010) schlagen sehr pragmatisch die Erhebung der sozialen Kompetenz mittels Selbstauskunft und Befragung der Gruppe der Gleichaltrigen vor. Die Autorinnen merken an, dass ein Großteil des Sozialverhaltens dieser Altersstufe in Cliquen außerhalb der Schule stattfindet, wodurch beispielsweise Lehrerbefragungen mitunter sozial kompetentes Verhalten eines Jugendlichen nicht aussagekräftig genug erfassen. Die Befragung von Gleichaltrigen bietet den großen Vorteil, dass sie den Jugendlichen über verschiedene Situationen hinweg erleben und aus der Sicht eines Gleichaltrigen sein Verhalten beurteilen können (Erdley et al., 2010).

1.6 Trainingsbezogene Kompetenzdiagnostik

Neben der globalen Bewertung der Kompetenz sind beim Einsatz eines Verhaltenstrainings folgende Aspekte grundlegend zu klären:

- Hat die betroffene Person die geforderten sozialen Kompetenzen überhaupt erworben?
- Warum setzt die Person die erworbenen Kompetenzen nicht oder nicht angemessen ein?
- Welche Bedingungen verhindern, dass Kompetenzen eingesetzt werden?
- Welche Kompetenzen lassen sich am unmittelbarsten und einfachsten aufbauen?

Um diese Fragen beantworten zu können, benötigt man ein Konzept, mit dem man den Erwerb und die Ausübung sozial kompetenten Verhaltens einordnen kann. So weisen zum Beispiel Hinsch und Pfingsten (2015) in einem Prozessmodell auf die Wechselwirkung zwischen der kognitiven Verarbeitung einer Anforderungssituation und emotionalen Prozessen (z.B. emotionalen Blockaden wie Ängste) hin. Solche Wechselwirkungen beeinflussen die Motivation für bestimmtes Verhalten. Die daraus resultierenden Verhaltenskonsequenzen steuern das konkrete Sozialverhalten und führen bei ständigen Misserfolgen dazu, dass man das eigene Bemühen um eine produktive Problembewältigung einstellt. In der Folge entsteht passives Sozialverhalten und die Gefahr der sozialen Isolation (vgl. Petermann & Petermann, 2010).

Zur weiteren einzelfall- und trainingsbezogenen Diagnostik sollten zumindest die vier einleitend in diesem Abschnitt gestellten Fragen beantwortet werden. Dies ist vor allem nötig, wenn das Kompetenztraining für Risikogruppen und nicht nur primärpräventiv eingesetzt wird. Zur Einordnung von Kompetenzdefiziten eignet sich vor allem das sozial-kognitive Informationsverarbeitungskonzept von Dodge (vgl. die aktuelle Version von Crick & Dodge, 1994). Dieses Modell wurde im deutschsprachigen Bereich sowohl zur Erklärung aggressiven Verhaltens (Koglin & Petermann, 2013a) herangezogen als auch unserem Sozialtraining in der Schule (Petermann, Jugert, Tänzer & Verbeek, 2012) zugrunde gelegt. Nach diesem Modell werden bei aggressivem Verhalten

- soziale Schlüsselreize selektiv wahrgenommen und einseitig interpretiert; diese Fehlwahrnehmung führt dazu, dass
- die sozialen Ereignisse als provokant, ängstigend etc. interpretiert und damit emotional ungünstig verarbeitet werden; die Ursache hierfür kann in einer erhöhten Selbstaufmerksamkeit, in verzerrter Selbst- oder Fremdwahrnehmung oder auch einer negativen Grundstimmung (Depression, Wut etc.) liegen;
- in der Folge davon werden bestimmte Handlungsziele präferiert (z. B. aggressive oder resignative Verhaltensweisen), die häufig praktiziert werden und so zu
- eingeschränkten oder wenig angemessenen (effektiven) Problemlösestrategien führen, die als
- unangemessene Reaktionsweisen sehr häufig im Umgang mit anderen gewählt werden.

Solche Wahrnehmungs- und Reaktionsmuster verfestigen sich sehr schnell und laufen „automatisch“ ab. Diese Defizite prägen die sozialen Erfahrungen in Familie, Beruf und im Umgang mit Freunden. Die in der Regel dadurch erfahrene geringe soziale Attraktivität beziehungsweise soziale Ablehnung begünstigt den „Teufelskreis sozialer Inkompetenz“. Eine diagnostische Abklärung der Defizite in den fünf Schritten der sozial-kognitiven Informationsverarbeitung kann eine wichtige Grundlage für eine angemessene Indikationsstellung bieten. In der Regel wird man diese Informationen mit Hilfe eines Interviewleitfadens erheben, wie er für die Arbeit mit Jugendlichen von Petermann und Petermann (2010, Interviewleitfaden für Jugendliche) vorgelegt wurde. Dieses Vorgehen hat sich auch in der Arbeit mit sozial benachteiligten oder sprachlich sehr ungeübten Jugendlichen bewährt.

1.7 Methodisches Vorgehen im Rahmen von Kompetenztrainings

Verhaltenstrainings zum Aufbau sozialer Kompetenzen basieren auf lerntheoretischen Grundlagen, in der Regel liegen kognitiv-behaviorale Programme vor. Wesentliche verhaltenstherapeutische Methoden, die häufig bei Kompetenztrainings miteinander kombiniert werden, sind:

- Modelllernen,
- (strukturiertes, thematisches) Rollenspiel,
- (soziale) Verstärkung (Verhaltensrückmeldung) und
- Übungen zur Erleichterung des Transfers in den Alltag.

Beim *Modelllernen* werden den Betroffenen direkt oder anhand eines Videofilms komplexe (sozial kompetente) Verhaltensweisen demonstriert, die sie imitieren sollen (vgl. Bauer, 1999). Die Methode des Modelllernens lässt sich durch den Einsatz von *Rollenspielen* optimieren. Nach Cartledge und Milburn (1995) bildet Modelllernen, mit dem Einsatz des Rollenspiels kombiniert, die erfolgreichste Komponente im Rahmen der Förderung der sozialen Kompetenz. Mit dem Rollenspiel gelingt es den Betroffenen, im Schutzraum der Trainingsgruppe alltagsnah neues Verhalten einzuüben. Somit wird schon beim Erwerb neuen, sozial kompetenten Verhaltens die Umsetzung in den Alltag vorbereitet (→Kapitel 2.4).

Beim sozialen Kompetenztraining werden die Betroffenen durch Rollenspiele für Problemverhalten sensibilisiert. Alternativverhalten kann dabei in zweierlei Hinsicht eingeübt werden: Durch Rolleneinnahme und Rollenübernahme (Rollentausch). Bei der Rolleneinnahme üben die Betroffenen neue soziale Fertigkeiten und lernen systematisch die Unterschiede zwischen dem erwünschten und bislang gezeigten Verhalten kennen und im Alltag zu beachten. Bei der Rollenübernahme reflektieren die Betroffenen durch Rollentausch die Konsequenzen ihres Verhaltens, indem sie sich selbst aus der Rolle eines anderen heraus beobachten (vgl. Specht & Petermann, 1999).

Zwei weitere Komponenten kennzeichnen Kompetenztrainings: Die soziale Verstärkung und Übungen zur Erleichterung des Transfers in den Alltag, einschließlich von Verhaltenseinübungen im Alltag. Der Trainer hat die Möglichkeit, durch soziale *Verstärkung* (gezielte Verhaltensrückmeldung) das Verhalten schrittweise zu verändern. Auf diese Weise gelingt es, komplexe Fertigkeiten nach und nach aufzubauen und zu modifizieren.

Interviewleitfaden für Jugendliche
(aus Petermann & Petermann, 2010, S. 55-62)

Themenkomplex	Beispiele für Fragen
A. Allgemeine Fragen	• Was gefällt dir in der Schule/ am Ausbildungsplatz gut? • Was gefällt dir in der Schule/ am Ausbildungsplatz nicht?
B. Fragen zur bisherigen Entwicklung	• Bitte nenne mir Personen, die dir in deinem bisherigen Leben wichtig waren. • Wenn du dein bisheriges Leben in fünf Abschnitte aufteilst (als Kleinkind, Kindergartenkind, Grundschulkind, Schulkind, Lehrling) – welcher Abschnitt war dann deine glücklichste Zeit?
C. Familienbeziehungen	• Wie kannst du das Verhältnis zu deinen Geschwistern beschreiben (freundschaftlich, ablehnend, eifersüchtig, fremd)? • Denkst du, dass deine Eltern deine Geschwister und dich gleich behandeln? • Was würdest du, wenn du eine eigene Familie gründen würdest, anders machen als deine Eltern?
D. Aktuelle Situation	• Bitte beschreibe mir einen typischen Werktag aus der letzten Woche, vom Aufstehen bis zum Zubettgehen. • Hast du ein Hobby oder sogar mehrere? • Kannst du einmal beschreiben, was in dir vorgeht und wie du dich fühlst, wenn dir etwas richtig Spaß macht? • Wenn man dir eine für dich zu schwere Aufgabe gibt, was tust du dann? • Was geht dir am meisten auf den „Wecker“, wenn du zu Hause bist? Bitte beschreibe es genau.
E. Beziehungen zu Gleichaltrigen	• Hast du Freunde/Freundinnen, mit denen du schon Monate oder Jahre befreundet bist? • Wie häufig trefft Ihr euch? • Was glaubst du, was einen richtigen Freund ausmacht? • Wann würdest du eine Freundschaft beenden?

Merrell und Gimpel (2014) unterstreichen für die Generalisierung sozialer Kompetenzen die Bedeutung von *Verhaltenseinübungen im Alltag*, da damit der langfristige Erfolg von Kompetenztrainings gewährleistet ist. Hierzuwerden die im Schutzraum der Trainingsgruppe eingeübten Verhaltensweisen meist als Verhaltensaufträge (i. S. von Hausaufgaben) im Alltag erprobt. Zu Beginn von Verhaltenseinübungen im Alltag kann die Anwesenheit des Trainers oder die detaillierte Vorbereitung der Übungen durch den Trainer sinnvoll sein (vgl. Petermann & Petermann, 2010), um angemessenes Verhalten verstärken und Hilfestellungen bei Problemen geben zu können. Auf den Versuch einer Problembewältigung sollte dabei deutlich mehr Wert gelegt werden als auf den Erfolg des Verhaltens.

Kompetenztrainings verknüpfen verschiedene kognitiv-behaviorale Methoden. Bei diesen kombinierten Vorgehensweisen handelt es sich in der Regel um Gruppentrainings, die in ihrer Gesamtheit wirken und deshalb nur auf dieser globalen Ebene auf Effektivität überprüft werden (vgl. auch Heinrichs, Döpfner & Petermann, 2013).

Bei der Entwicklung eines Kompetenztrainings müssen einige Vorentscheidungen getroffen werden. So sollte zunächst geklärt werden, welche Kompetenzdefizite vorliegen und in welchem Umfang diese angegangen werden sollen. Prinzipiell kann man zwischen sehr breit gefächerten und sehr spezifischen Trainings unterscheiden. Weist zum Beispiel ein Kind nur begrenzte Kompetenzdefizite in der Schule auf, zum Beispiel in Situationen der sozialen Hervorhebung (Vorlesen vor der Klasse, Rechenaufgaben an der Tafel bearbeiten), dann dürfte dieses Problem in thematisch begrenzten Rollenspielen gut behebbar sein. Weist ein Jugendlicher jedoch viele Kompetenzdefizite, Motivationsprobleme und bereits generalisierte Verhaltensstörungen auf, so wird dies nur durch ein breit gefächertes Training langfristig behebbar sein. Im Falle des mehrfach beeinträchtigten Jugendlichen müssen viele Problemsituationen bearbeitet werden. Zudem wird der Jugendliche erst durch allmählich auftretende Erfolge motiviert werden, grundlegende Probleme (z. B. im Kontext der Berufsausbildung) anzugehen. Ein breit gefächertes Training wird mit einfachen Situationen beginnen und schrittweise zu schwierigeren voranschreiten.

Generell ist es ratsam, soziale Kompetenztrainings sehr strukturiert aufzubauen. Die Strukturierung sollte von einer Lernhierarchie (von einfachen zu komplexeren Zielen) ausgehen. Durch ein solches Vorgehen wird die Generalisierung des Gelernten erleichtert. Des Weiteren sollte ein stark ritualisierter Sitzungsaufbau gewählt werden, um Routinen im Trainingsablauf aufzubauen. In der Regel wird dadurch – gerade bei Jugendlichen – die Motivation erhöht (Petermann & Petermann, 2010).

Ein hoher Strukturierungsgrad ist auch bei der Arbeit mit Kindern wünschenswert und erforderlich (vgl. Petermann & Petermann, 2012, 2015). Ein solch hoher Strukturiertheitsgrad ist auch vonnöten, um bei dem zeitlich begrenzten Rahmen (bei Kindern ca. 10 Sitzungen; vgl. Petermann et al., 2012) zu Erfolgen zu kommen.

1.8 Ausgewählte Kompetenztrainings für Kinder, Jugendliche und Erwachsene

Soziale Kompetenztrainings liegen für alle Altersgruppen (ab dem Kindergartenalter) bis ins Erwachsenenalter vor. Die Themen und ihre Spezifität variieren erheblich. So existieren Kompetenztrainings zur Verbesserung der sozialen Integration nach Straftaten, die von Jugendlichen begangen wurden. Andere Programme sind als Selbstsicherheitstrainings für Kinder zum Einüben von positivem Sozialverhalten konzipiert. Verschiedene Programme liegen zur Drogenprophylaxe oder zur Rückfallprophylaxe bei jugendlichen Drogenkonsumenten und Drogenabhängigen vor. Die Programme lassen sich grundlegend, mindestens in primär- und sekundärpräventive Ansätze untergliedern (Heinrichs et al., 2013). Wir beschränken uns im Folgenden auf die Darstellung einiger Kompetenztrainings, die primärpräventiv oder sowohl primär- als auch sekundärpräventiv angelegt sind. Wir wählen bewährte und thematisch ähnlich orientierte Verfahren aus; besonders wird auf kognitiv-behaviorale Trainings eingegangen.

1.8.1 Allgemeine Hinweise

Merrell und Gimpel (2014) empfehlen, soziale Kompetenzen in Gruppen einzuüben. Diese Gruppen sollten sich möglichst aus drei bis acht Teilnehmer zusammensetzen, die von einem – möglichst von zwei – Trainer betreut werden. Darüber hinaus sollten die Gruppen aufgrund der erforderlichen kognitiven Fähigkeiten möglichst homogen nach ihren Lernvoraussetzungen zusammengestellt werden. Meistens weisen geschlechtsgemischte Gruppen Vorteile auf, da vielfältige Standpunkte bearbeitet werden können. Merrell und Gimpel (2014) sprechen sich eher für breit gefächerte Kompetenztrainings aus, mit denen verschiedene soziale Fertigkeiten vermittelt werden können. Solche Programme scheinen erfolgreicher zu sein als spezifische. Die Anzahl und Häufigkeit der einzelnen Trainingssitzungen und die Dauer des Kompetenztrainings hängen von verschiedenen Rahmenbedingungen ab, wie zum Beispiel von dem Alter der Betroffenen und den Trainingszielen. Im Weiteren werden für Kinder, Jugendliche und Erwachsene einige Kompetenztrainings vorgestellt, um die Ziele und Vorgehensweisen zu illustrieren.

1.8.2 Trainings für Kinder

Die Kieler Arbeitsgruppe um Rainer Hanewinkel entwickelte verschiedene Programme zur *Förderung der Lebenskompetenz* (vgl. Hanewinkel &

Aßhauer, 2003). Das Vorgehen zielt auf Schüler der Grundschule ab. Das primärpräventive Programm für die Orientierungsstufe basiert auf den Kompetenztrainings von Petermann und Petermann (2012; 2015). Das „Lebenskompetenzen-Programm" wird in der fünften und sechsten Klasse eingesetzt, um die „Standfestigkeit" der Schüler dieser Altersgruppe gegenüber dem Rauchen zu verbessern (zur Entwicklung des Programms vgl. Hanewinkel, Burow, Böttcher, Petermann & Ferstl, 1993; Hanewinkel, Petermann, Burow, Dunkel & Ferstl, 1994).

Das Programm „Rauchfreie Schule" von Hanewinkel et al. (1994) umfasst elf wöchentlich mit einer Schulklasse (5. und 6. Klasse) durchzuführende Einheiten (pro Einheit 90 Minuten Dauer). Das Training wird von Pädagogen realisiert, die an einer umfassenden Fortbildung teilgenommen haben müssen. Die Eltern werden vor Beginn des Trainings im Rahmen eines Elternabends informiert. Neben einer Einführungssitzung werden die folgend dargestellten zehn thematischen Blöcke sozialer Problemstellungen bearbeitet.

Förderung von Lebenskompetenzen im Rahmen der Kampagne „Rauchfreie Schule" (Hanewinkel et al., 1994)

Sitzung 1	Mit sozial unsicherem Verhalten konfrontieren
Sitzung 2	Gesichtsausdrücke und Gefühle differenzieren lernen
Sitzung 3	Gestik unterscheiden lernen
Sitzung 4	Eigene Ansprüche durchsetzen/Ansprüche anderer erkennen
Sitzung 5	Kritik annehmen und verarbeiten lernen
Sitzung 6	Schwierigen Situationen widerstehen lernen/ Selbstsicherheit im Umgang mit anderen
Sitzung 7	Akzeptieren von Außenseitern
Sitzung 8	Umgehen mit Misserfolg
Sitzung 9	Lebensschicksale und Eigenverantwortung
Sitzung 10	Rückmeldung zum Training

Das Nordwestdeutsche Präventionsforum (Internet-Adresse: http://www.praeventions-forum.de/) unter der Leitung von Franz Petermann konzipierte ein entwicklungsorientiertes System von Präventionsprogrammen, welches zurzeit fünf Programme umfasst, die sich auf verschiedene Altersbereiche beziehen: *Verhaltenstraining im Kindergarten* (Koglin & Petermann, 2013b), *Verhaltenstraining für Schulanfänger* (erste und zweite Grundschulklasse, Petermann, Natzke, Gerken & Walter, 2016), *Verhaltenstraining in der Grundschule* (dritte und vierte Grundschulklasse, Petermann, Koglin, Natzke & von Marées, 2013), das *Emotionstraining in der Schule* (fünfte bis siebte Klasse; Petermann, Petermann & Nitkowski, 2016) und *Training mit Jugendlichen: Förderung von Arbeits- und Sozialverhalten* (Petermann & Petermann, 2010).

Bei dem *Verhaltenstraining in der Grundschule* (Petermann et al., 2013) handelt es sich ebenfalls um ein kognitiv-behaviorales Trainingsprogramm für Kinder der dritten und vierten Klassenstufen. Es zielt auf die Förderung emotionaler und sozialer Kompetenzen sowie der moralischen Entwicklung und soll darüber hinaus Verhaltensproblemen vorbeugen. Durchgeführt wird das Programm von einem Klassenlehrer mit der *gesamten* Schulklasse oder zum Beispiel von Erzieherinnen mit Kindergruppen in außerschulischen pädagogischen Institutionen. Die Methoden des Kurses orientieren sich an lerntheoretischen Vorbildern wie etwa dem Verstärkungslernen, der Selbstbeobachtung, dem Problemlöse- und dem Selbstinstruktionstraining. Das dreistufige präventive Förderprogramm verfolgt vor allem die im folgenden dargestellten kindbezogenen Ziele.

Kindbezogene Ziele des Verhaltenstraining in der Grundschule (Petermann et al., 2013)

- Verbesserung des Emotionswissens und -verständnisses,
- Sensibilisierung für die Selbst- und Fremdwahrnehmung von Emotionen,
- Vermittlung von Emotionsregulationsstrategien, insbesondere Ärgerkontrollstrategien,
- Verbesserung der Selbstkontrolle und Selbststeuerung,
- Förderung von Empathie,
- Förderung der sozialen Wahrnehmung,
- Sensibilisierung für soziale Interaktionsprozesse,
- Förderung des Problemlöse- und Konfliktmanagements,
- Förderung moralischer Wertmaßstäbe im Hinblick auf Fairness, Selbstverantwortung, Zivilcourage sowie
- Aufbau prosozialen Verhaltens.

Das Trainingskonzept sieht die Einbeziehung der Eltern vor, zum einen zur Unterstützung und Verfestigung der vermittelten Inhalte aber auch zur Übertragung des Gelernten in das außerschulische soziale Umfeld. Elternbezogene Ziele sind:

- Sensibilisierung für die Inhalte des Kurses,
- Verstärkung der Kurseffekte durch vertiefende Übungen für zu Hause und Elternbriefe sowie

- Förderung von Nachhaltigkeit und Generalisierung der Kurseffekte auf Situationen zu Hause und in der Freizeit der Kinder.

Das Verhaltenstraining besteht aus 26 Trainingseinheiten, die jeweils 45 bis 90 Minuten dauern und in einer Frequenz von ein bis zwei Einheiten pro Woche durchgeführt werden. Ein trainingsbegleitendes Hörspiel unterstützt auf entwicklungsgerechte Weise die Trainingsmotivation der Kinder und dient gleichzeitig als Konzentrations- und Ruheritual zu Beginn jeder Einheit. Trainingsregeln und ein Verstärkerplan erleichtern den Kindern die angemessene Mitarbeit.

Unsere Bremer Arbeitsgruppe legte schon in den 1990er Jahren ein primärpräventives Sozialtraining für die dritte bis sechste Klasse vor (vgl. Petermann, Jugert, Tänzer & Verbeek, 2012). Dieses Vorgehen basiert auf dem bereits skizzierten Modell der sozial-kognitiven Informationsverarbeitung von Dodge (Crick & Dodge, 1994). Nach diesem Modell kann man davon ausgehen, dass soziale Kompetenz aus dem Zusammenspiel von kognitiven und sozialen Fertigkeiten resultiert, woraus sich Anhaltspunkte für ein Verhaltenstraining ableiten lassen. So besteht ein Bestandteil des Vorgehens darin, diejenigen kognitiven Prozesse zu schulen, die jedes Interaktionsverhalten steuern und auf diese Weise kompetentes Sozialverhalten ermöglichen.

Des Weiteren werden mit dem *Sozialtraining in der Schule* diejenigen sozialen Fertigkeiten mit der gesamten Schulklasse eingeübt, die ein sozial kompetentes Verhalten ermöglichen. Im Einzelnen werden folgende *Ziele* verfolgt:

- Differenzierte soziale Wahrnehmung,
- Erkennen und Ausdrücken von Gefühlen, um Körpersignale sicher zu interpretieren,
- angemessene Selbstbehauptung, um damit eigene Interessen und Bedürfnisse in konfliktfreier Weise durchzusetzen,
- kooperatives Verhalten als angemessene Alternative zu aggressivem oder sozial unsicherem Verhalten sowie
- Einfühlungsvermögen im Sinne einer Neubewertung der Folgen des eigenen Handelns aus der Sicht des Gegenübers.

Die Zielvorgaben stimmen weitgehend mit denen des Therapieprogramms für aggressive Kinder überein (vgl. Petermann & Petermann, 2012), womit verdeutlicht werden kann, dass sich die Zielvorgaben von primärpräventiven und Therapieprogrammen nicht grundlegend unterscheiden müssen. Die Unterschiede liegen vielmehr im Intensitätsgrad der Intervention, der Auswahl der Zielgruppe und dem methodisch-didaktischen Zugang (pädagogisches vs. therapeutisches Förderprogramm, Gruppengröße etc.; vgl. Kuschel, Miller, Köppe, Lübke, Hahlweg & Sanders, 2000).

Im pädagogischen Bereich ist es notwendig, die Lehrer in das Kompetenztraining einzubeziehen. So müssen die Lehrer in die Konzepte und deren Umsetzung ausführlich eingeführt werden, da nur durch ihre Beteiligung und Modellwirkung sich die sozialen Fertigkeiten im Schulalltag festigen und generalisieren. Kompetenztrainings in der Schule sollten durch Interventionsprinzipien wie den Einsatz von Verstärkungsplänen ergänzt werden, da auf diese Weise die Ziele besser in großen Gruppen umgesetzt werden können und sozial kompetentes Verhalten gezielter gefördert werden kann (vgl. Merrell & Gimpel, 2014).

Das Emotionstraining in der Schule (Petermann, Petermann & Nitkowski, 2016) ist ein Präventionsprogramm zum Aufbau emotionaler Kompetenzen bei Schülerinnen und Schüler der fünften bis siebten Klassenstufe. Das Programm richtet sich an Lehrkräfte, Schulpsychologen oder Sozialpädagogen und umfasst 11 Module, die in regelmäßigem Abstand (z.B. wöchentlich) während der regulären Unterrichtszeit in Blöcken à 90 Minuten durchgeführt werden sollen. Mittels verschiedener didaktischer Umsetzungsmethoden wie bspw. Rollenspiele, Fotos und Hörbeispiele soll die Wahrnehmung der Schüler auf den Sinnesebenen Hören, Sehen und Spüren geschärft werden. Das bewusste Wahrnehmen und korrekte Identifizieren der Emotionen dient als Grundlage für das Umgehen mit Gefühlen.

Der stets gleich bleibende Ablauf schafft eine verlässliche Struktur und bildet den Rahmen für den Aufbau einer vertrauensvollen Arbeitsatmosphäre. Das Training fördert folgende Fähigkeiten:

- Wahrnehmen, Erkennen und Unterscheiden von Emotionen,
- Erlernen von verschiedenen Strategien im Umgang mit Gefühlen,
- Fördern eines flexiblen Umgangs mit Emotionen,
- unangenehme Gefühle anzunehmen und auszuhalten, falls dies notwendig ist,
- Aufbauen von Empathie und Unterstützung von anderen Jugendlichen im Umgang mit ihren Gefühlen.

1.8.3 Ein Kompetenztraining für Jugendliche

Das im Weiteren vorgestellte Programm von Petermann und Petermann (2010 ist für die Altersgruppe der 13- bis, 20-jährigen Jugendlichen vielfach erprobt. Die zentrale Absicht dieses Trainings besteht darin, die unterschiedlichen Fertigkeiten von Jugendlichen zu unterstützen, mit deren Hilfe sie besser in der Lage sind, Belastungen zu bewältigen. Für Jugendliche ist eine Vielzahl von Teilfertigkeiten erforderlich, die in dem Kompetenztraining für Jugendliche eingeübt werden. Insgesamt liegen *sechs Ziele* vor:

- Selbstwahrnehmung (inklusive Wahrnehmung anderer),
- Selbstkontrolle (inklusive Ausdauer),
- Umgehen mit dem eigenen Körper und mit Gefühlen,
- Selbstsicherheit und stabiles Selbstbild,
- Einfühlungsvermögen und
- Umgang mit Lob, Kritik und Misserfolg.

Dieses sekundärpräventive Vorgehen möchte die angesprochenen Ziele in einem Einzel- und Gruppentraining umsetzen. In einem Einzeltraining werden in mindestens fünf Sitzungen berufliche und private Zielvorstellungen angesprochen. Hierbei beginnt das Training mit Themen der beruflichen Zukunft, die meist weniger bedrohlich sind als private Themen und dem Jugendlichen schnell den Nutzen eines Verhaltenstrainings verdeutlichen. Die Jugendlichen sind in der Regel dankbar, wenn man im Gespräch und im Rollenspiel ihre beruflichen Vorstellungen ernst nimmt und sie soweit differenziert, dass sie Wege sehen, wie sie ihre Wünsche umsetzen können. Da viele Jugendliche wenig gesprächsbereit sind, liegt im Rahmen dieses Trainingsprogramms eine Vielzahl von Arbeitsmaterialien vor, die dem Jugendlichen einen Zugang zur Thematik erleichtern. Besonders bewährt haben sich Cartoons zum Thema Beruf und Freizeit, Familie, Zukunftsplanung etc.

Für eine Verhaltensveränderung von besonders großer Bedeutung ist das über mindestens zehn zweistündige Sitzungen sich erstreckende Gruppentraining, an dem fünf Jugendliche teilnehmen. Im Blickpunkt dieser verhaltenseinübenden Sitzungen stehen Rollenspiele. Es handelt sich hierbei um gelenkte Rollenspiele, die thematisch von dem Trainer vorgegeben werden. Ein solches Rollenspiel bezieht sich zunächst auf die Darstellung einer Situation, die von zwei oder mehr Spielern vorgetragen wird. Es schließt sich ein Rollentausch an, so dass alle Teilnehmer einerseits an dem Rollenspiel aktiv beteiligt werden können, andererseits unterschiedliche Perspektiven erfahren. Nach der Spielphase erfolgt eine verbale Reflexion über die Inhalte und den Verlauf des Rollenspiels. Durch das Rollenspiel wird geklärt, welche der Lösungen sich besonders positiv auswirken können.

Wesentlich für das Gelingen der Rollenspiele ist, dass diese an den Alltagsproblemen der Jugendlichen ansetzen. So haben sich konkrete Inhalte, wie das Nachspielen eines Vorstellungsgesprächs, besonders bewährt. Weitere Themen beziehen sich auf Einfühlungsvermögen, Selbstsicherheit im

Umgang mit Gleichaltrigen, Anerkennung aussprechen und loben, Akzeptieren von Außenseitern, Umgehen mit Kritik im Beruf sowie Umgehen mit Misserfolgen. Rollenspiele wirken besonders nachhaltig, wenn sie mit Videorückmeldung ausgewertet werden, um den Jugendlichen ihre Mängel und Fortschritte im Sozialverhalten zu demonstrieren.

Die Protokolle der Trainingssitzungen legen den Schluss nahe, dass das Gruppentraining für die Verhaltensveränderung besonders einschneidende Bedeutung besitzt. Seit über zwanzig Jahren und auch aktuell liegen zu diesem Vorgehen umfangreiche Belege für die Effektivität im Bereich der ambulanten und stationären Arbeit vor (vgl. Schomaker, Schultheiß, Petermann & Petermann, 2015; Schultheiß, Petermann & Petermann, 2012; 2013; Petermann, Koglin, Petermann & Heffter, 2010; Petermann & Petermann, 2010; Roos & Petermann, 2005).

1.8.4 Ein Kompetenztraining für Erwachsene

Das bekannteste deutschsprachige Kompetenztraining für Erwachsene wurde 1983 publiziert (6. Aufl. Hinsch & Pfingsten, 2015). In der 1983 veröffentlichten Kurzfassung des *Gruppentrainings Sozialer Kompetenzen (GSK)* bestand dieses aus einer Einführungssitzung und sieben Gruppensitzungen. In der Entwicklungsphase des GSK wurde das Vorgehen auch mit Schülern und Studentengruppen durchgeführt. Das Vorgehen von Hinsch und Pfingsten (2015) verbindet Methoden der kognitiven Verhaltenstherapie (z. B. Selbstinstruktionstechniken, Problemlöseverfahren) mit der Methode des Rollenspiels und mit Entspannungsverfahren.

Eine Londoner Arbeitsgruppe um Proudfoot veröffentlichte ein kognitives *Verhaltenstraining für Langzeitarbeitslose* (=länger als 12 Monate arbeitslos). Das Gruppenprogramm wurde an 134 erwachsenen Arbeitslosen evaluiert, wobei sich das berufsbezogene Training über sieben wöchentlich stattfindende dreistündige Angebote erstreckte (Proudfoot, Guest, Carlson, Dunn & Gray, 1997). Eine Kontrollgruppe (N=110) erhielt ein genauso umfangreiches Training, wobei unspezifische Themen zu dem Bereich „Gesundheit und Arbeit“ behandelt wurden. Die Themen des kognitiven Verhaltenstrainings sind im folgenden Sitzungsablauf einsehbar.

Die Erfolge des kognitiv-behavioralen Verhaltenstrainings waren eindeutig: 34 % erhielten nach drei Monaten einen Vollzeitjob (nur 11 % in der Kontrollgruppe). In allen psychologischen Merkmalen traten signifikante Unterschiede zugunsten der Teilnehmer des kognitiven Verhaltenstrainings auf: Sie wiesen eine höhere Selbstachtung und Lebenszufriedenheit, eine ausgeprägtere Arbeitsmotivation sowie einen günstigeren Attributionsstil auf.

Kognitives Verhaltenstraining für Langzeitarbeitslose
(Proudfoot, Guest, Carlson, Dunn & Gray, 1997)

	Inhalte / Techniken
Sitzung 1	Einführung in Denk- und Attributionsstile
Sitzung 2	Automatische (ungünstige) Gedanken, Zielsetzung, Zeitmanagement, Bearbeiten von Aufgaben
Sitzung 3	Tagebuch-Technik und Bearbeiten von ungünstigen Denkstilen
Sitzung 4	Veränderung ungünstiger Denkstile
Sitzung 5	Positives Denken (Aufbau von Erfolgszuversicht)
Sitzung 6	Anwendung der Inhalte auf die persönliche und Berufssituation
Sitzung 7	Erstellung eines Handlungsplans und Rückfallprophylaxe

Mit dem AktivA „Aktive Bewältigung für Arbeitslosigkeit" (Rothländer, Mühlpfordt & Richter, 2012) liegt ein standardisiertes Programm vor, das die psychische Gesundheit von Langzeiterwerbslosen fördern soll. Das AktivA-Programm umfasst 24 Stunden, welche in einem Zeitraum von zwei bis vier Wochen auf vier Tagen verteilt stattfinden soll. Primäres Ziel ist nicht die Wiedereingliederung in den Arbeitsmarkt, sondern mittels Techniken aus der kognitiven Verhaltenstherapie (z.B. Aufbau von Aktivitäten) einer ungünstigen Bewältigung von längerer Arbeitslosigkeit vorzubeugen.

AktivA „Aktive Bewältigung von Arbeitslosigkeit"
(Rothländer, Mühlpfordt & Richter, 2012)

	Inhalte / Techniken
Modul 1	Aktivitätenplanung
Modul 2	Konstruktives Denken
Modul 3	Soziale Kompetenzen und soziale Unterstützung
Modul 4	Systematisches Problemlösen

Das Training führt im Besonderen bei freiwilligen Teilnehmern zu einer Verringerung von körperlichen und psychischen Beschwerden, die auch noch drei Monate nach dem Training nachweisbar sind (Rothländer, Mühlpfordt & Richter, 2012).

Resümee. Kognitiv-behaviorale Trainings (Verhaltenstrainings) stellen besonders effektive Vorgehensweisen dar, die sowohl zur spezifischen Gewaltprävention (vgl. Verbeek & Petermann, 1999) als auch zur Primärprävention in der Schule (vgl. Durlak, 1997) eingesetzt werden können. Bei der sekundärpräventiven Arbeit mit Jugendlichen liegen bis auf Petermann und Petermann (2010) im deutschen Sprachraum heute immer noch keine umfassenden Erfahrungen vor. International sprechen vor allem die Erfolge der Arbeitsgruppe um Arnold P. Goldstein (Goldstein et al., 1989; 1992) dafür, soziale Fertigkeitstrainings bei Jugendlichen zur Sekundärprävention einzusetzen.

1.9 FIT FOR LIFE: Ein Kompetenztraining für Jugendliche

Unser Kompetenztraining FIT FOR LIFE (Jugert, Rehder, Notz & Petermann, 2017) besteht aus 15 thematischen Modulen, die für die Arbeit in Kleingruppen von sechs bis acht Jugendlichen konzipiert wurden. Die Module repräsentieren differenzierte soziale Fertigkeiten, die in den Gruppen eingeübt werden.

Die 15 Module des Programms stellen insgesamt ein strukturiertes und breit gefächertes Angebot für das Training sozialer Fähigkeiten und Fertigkeiten dar. Im Einzelnen sollen Konzentration und Ausdauer, Lern- und Leistungsmotivation, Selbst- und Fremdwahrnehmung, Selbstbild und realistische Selbsteinschätzung, Selbstkontrolle und Selbststeuerung, Umgang mit dem eigenen Körper, Einfühlungsvermögen und Kooperationsfähigkeit verbessert werden. Jedes Modul zielt auf einen Fähigkeits- oder Kompetenzbereich. In ihm werden je eine Fähigkeit, die entsprechenden Ziele und Problemlösungen beschrieben. Die Ziele werden in strukturierten Rollenspielen, Verhaltensübungen und Verhaltensregeln mit gezielter Rückmeldung umgesetzt.

1.9.1 Überblick über die Module des Kompetenztrainings mit ihren Zielen

Die ausführliche Beschreibung der Module erfolgt in Kapitel 2.6: Das erste Modul soll die *Motivation* zur Teilnahme am Trainingsprogramm FIT FOR LIFE stärken. Das Modul *Feedback* will die Jugendlichen dazu anleiten, ihre Rückmeldungen auf angemessene Weise zu geben. Das Modul *Selbstsicherheit* schult und differenziert soziale Wahrnehmung und legt die Grundlagen zu mehr Selbstvertrauen und Selbstsicherheit. Mit dem Modul *Selbstmanagement* lernen die Jugendlichen Selbstkontrolle und -steuerung in den Bereichen Gesundheit und Stress. In dem Modul *Kommunikation* geht es um das

Erkennen der Wirkung unterschiedlicher Kommunikationsstile. In dem Modul *Körpersprache* wird die Kenntnis über die Wirkungsweise der Körpersprache, ihre differenzierte Wahrnehmung und ihr bewusster Einsatz vermittelt. *Kooperation* und *Teamfähigkeit*: Es werden kooperative Fertigkeiten und die Arbeit im Team gelernt.

Abbildung 1: Zentrale Interventionsziele des FIT FOR LIFE-Trainings

In dem Modul *Lebensplanung* wird die Notwendigkeit der Gestaltung des eigenen Lebens bearbeitet. Es soll das Unterscheiden in Nah- und Fernziele ebenso wie das Informations- und Entscheidungsmanagement trainiert werden. Im Modul *Beruf und Zukunft* wird über berufliche Wünsche und Ziele bis zum konkreten Training von Bewerbungsgesprächen gearbeitet. Das Modul *Gefühle* beinhaltet die Wahrnehmung eigener Gefühle in verschiedenen Situationen, die Wahrnehmung der Gefühle anderer und das Training des angemessenen Ausdrucks von Gefühlen. In dem Modul *Fit für Konflikte I* wird die Wahrnehmung von Konflikten differenziert. Dies befähigt die Jugendlichen, zwischen Problem und Person zu unterscheiden. Es vermittelt grundlegende Verhaltensweisen, die Wünsche und Interessen aller Konfliktparteien zu berücksichtigen. Das Modul *Fit für Konflikte II* knüpft an das erste Konflikttrainings-Modul an und vertieft die Fertigkeit des gewaltfreien Umgangs mit Konflikten. Im Modul *Einfühlungsvermögen* geht es darum, den Standpunkt, die Gedanken und Gefühle anderer Menschen besser wahrzunehmen. Darüber hinaus wird trainiert, die Reaktionen der anderen auf das eigene Verhalten vorwegzunehmen und in dem eigenen Verhalten zu berücksichtigen. Im letzten Modul, *Lob und Kritik,* wird geübt, sowohl mit berechtigter als auch unberechtigter Kritik umzugehen und Lob von anderen anzunehmen.

Das *zentrale Interventionsziel* des FIT FOR LIFE-Trainings erstreckt sich darauf, dass Jugendliche in der Schule, im vorberuflichen Bereich, in der Berufsausbildung und im Beruf die soziale Kompetenz erwerben, die dazu beiträgt, ihre Erfolgsaussichten in diesen Bereichen zu erhöhen.

2 Training soziale Kompetenz für Jugendliche

2.1 Theoretische Grundlagen

Ein solides Interventionsprogramm sollte eine konsistente theoretische Fundierung aufweisen (Preiser & Wagner, 2003). Deshalb wird an dieser Stelle zunächst der theoretische Rahmen des Trainingsprogramms FIT FOR LIFE näher ausgeführt. Die Theorie der sozial-kognitiven Informationsverarbeitung von Dodge (1993) stellt in Kombination mit der sozial-kognitiven Lerntheorie von Bandura (1986), einschließlich des Konzeptes der Selbstwirksamkeit (Bandura, 1994), die Grundlage für das vorliegende verhaltensorientierte Kompetenztraining dar. Die beiden genannten Theorien werden um einen Abschnitt „Jugendpsychologie" vervollständigt. Als Globalziel wird der Aufbau sozialer Kompetenz angestrebt. Hierauf wurde bereits im ersten Kapitel ausführlich eingegangen. Der theoretische Rahmen des Kompetenztrainings wird durch jugendpsychologische Befunde und Konzepte abgerundet. Das Verständnis der theoretischen Grundlagen ist entscheidend für die sachgemäße Anwendung des Trainingsmanuals und beeinflusst ganz wesentlich die Haltung der Trainer[1] und den Verlauf des Trainings.

2.1.1 Modell der sozial-kognitiven Informationsverarbeitung

Unter dem Begriff der sozial-kognitiven Informationsverarbeitung ist der kognitive Verarbeitungsprozess zu verstehen, der bei der Wahrnehmung einer sozialen Situation beginnt und mit dem daraus resultierenden Verhalten einer Person endet. Dodge (1993) entwickelte dazu ein theoretisches Modell, das den sozialen Informationsverarbeitungsprozess stufenweise beschreibt (Crick & Dodge, 1994). Im Modell wird der Weg von einem einzelnen Reiz

---

1 In diesem Buch wird durchgehend von Trainer gesprochen, wenn es sich um Personen handelt, die die fachliche Kompetenz eines Verhaltenstrainers bereits besitzen oder sie mit dem vorliegenden Trainingsprogramm von Jugert et al. (2017) erwerben. Über eine autorisierte und zertifizierte Fortbildung zum FIT FOR LIFE können Sie sich unter www.bipp-bremen.de informieren.

zu einer aktiven Reaktion als linear dargestellt, da die einzelnen Schritte in der vorgegebenen Ordnung aufeinander folgen. Die feste Reihenfolge der Schritte bezieht sich jedoch nur auf die theoretische Betrachtung der Verarbeitung eines einzelnen Reizes oder Reizmusters. Im Alltag verläuft der Prozess dynamisch, da die Abarbeitung der Stufen simultan oder leicht versetzt erfolgt. Dodge spricht von einem mentalen Prozess, der die kognitiven und emotionalen Aspekte der Informationsverarbeitung einschließt.

Mit Hilfe dieses Modells lassen sich Defizite auf den verschiedenen Stufen der Informationsverarbeitung erklären und analysieren sowie Interventionen daraus ableiten. Um sozial kompetentes Verhalten entwickeln und fördern zu können, sind die Ziele und Inhalte des FIT FOR LIFE zu einem Teil aus diesem Modell abgeleitet. Da die Wahrnehmung am Beginn des Verarbeitungsprozesses steht, bildet eine angemessene Selbst- und Fremdwahrnehmung eines der wichtigsten Ziele des Trainings. Somit wird für die Jugendlichen das eigene Handeln reflexionsfähig und beeinflussbar.

Dodge (1993) definiert sieben Stufen von der Wahrnehmung einer sozialen Situation bis zur Bewertung des eigenen Verhaltens sowie die Reaktion der Anwesenden.

Abbildung 2: Sozial kognitives Informationsverarbeitungsmodell (modifiziert nach Crick & Dodge, 1994).

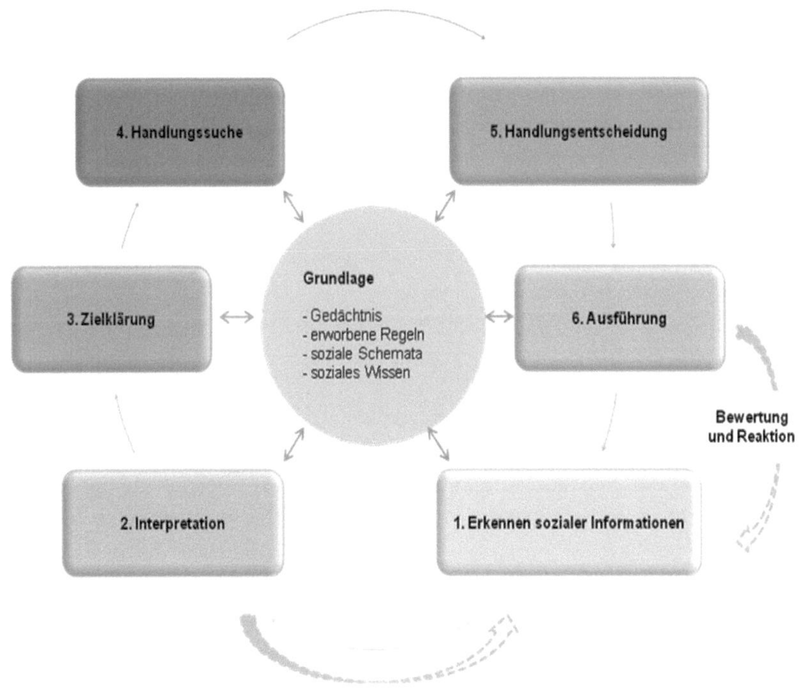

1) Erkennen sozialer Informationen

Die sozialen Informationen in einer sozialen Interaktion werden (selektiv) wahrgenommen.

Aufgrund ihrer Komplexität werden soziale Informationen selektiv wahrgenommen. Dies hat zur Folge, dass nur ein kleiner Teil von allen dargebotenen Reizen beachtet und zur Bearbeitung in das Gehirn weitergeleitet wird. Dieser Selektionsmechanismus ist von persönlichen emotionalen sowie sozialen Einflüssen abhängig. Die Wahrnehmung ist dabei nicht nur auf Informationen aus der Umwelt fokussiert, sondern auch auf die eigene Person im Sinne der Selbstwahrnehmung bezogen (Crick & Dodge, 1994).

Aggressive Personen weisen eine verzerrte Wahrnehmung auf, da sie überwiegend feindliche Reize aus der Umwelt aufnehmen und nicht feindliche kaum zur Kenntnis nehmen. Durch entwicklungspsychologische Untersuchungen in Anlehnung an Piaget (Piaget & Inhelder, 1955) wurde bei ihnen ein mangelndes Differenzierungsvermögen zwischen der eigenen und der fremden Person festgestellt (Petermann & Petermann, 2010). Dieser Mangel hat zur Folge, dass anderen Personen die eigenen aggressiven und feindlichen Gedanken und Gefühle unterstellt werden. Selbst neutrale Reize werden zu einer Bedrohung, auf die mit einer ständigen psychischen und physischen Anspannung reagiert wird. Diese Anspannung versetzt die Person in Alarmbereitschaft und erhöht dadurch wieder die Tendenz zu aggressivem Verhalten (Dodge, 1993). Reagiert eine Person nun häufig mit aggressivem Verhalten, beeinflusst dies die Interaktionspartner, die aus Erfahrung mit aggressivem Verhalten rechnen (Horsley et al., 2010). In der Folge fühlt sich die Person in ihrem aggressiven Verhalten bestätigt, was den Kreislauf der Aggression aufrechterhält.

2) Interpretation

Interpretation und Bewertung der aufgenommenen Informationen.

Die wahrgenommenen Informationen werden interpretiert. Externe und interne Ursachen von Verhaltensweisen der Interaktionspartner, deren Motive, Gefühle und Gedanken müssen aus dem wahrgenommenen Reiz erschlossen werden, was die Fähigkeit zur Perspektivenübernahme voraussetzt. Dies bedeutet, sich in die Situation des anderen hineinzuversetzen und dessen Gefühle und Absichten zu erkennen. Die Interpretation des sozialen Reizes steht in enger Beziehung mit den emotionalen Bedürfnissen und Zielen des Einzelnen. Aggressive Personen unterstellen ihrem Interaktionspartner feindliche Gefühle, Motive und Gedanken. Je eher ein schädigendes, bedrohliches oder hinderliches Ereignis erwartet wird, desto wahrscheinlicher wird der Reiz auch als solcher interpretiert. Darüber hinaus werden bei ihnen Defizite in der Fähigkeit zur Rollenübernahme beobachtet. Aggressive Personen versetzen sich kaum in die Situation des anderen, um ein Verständnis für dessen Absichten und Gefühle zu entwickeln (Dodge, 1993; Orobio de Castro et al., 2002; Lansford et al., 2010; Petermann & Petermann, 2010).

3) Zielklärung

Aufgrund der Interpretation und Bewertung wird das Handlungsziel entworfen.

Aufgrund der Wahrnehmung der sozialen Information sowie der Interpretation der wahrgenommenen Situation generiert die Person ein eigenes Handlungsziel. Kinder und Jugendliche, die häufiger Wut verspüren sowie häufig instrumentelle und selbstbefriedigende Ziele auswählen, verhalten sich eher aggressiv (Dodge, 2010). Kinder und Jugendliche mit internalisierenden Störungen wählen häufiger Ziele, die mit passivem Verhalten und Rückzug einhergehen.

4) Handlungssuche

Entsprechend dem Handlungsziel werden Alternativen geprüft.

Nach der Wahrnehmung und Interpretation der Informationen werden verschiedene Lösungsmöglichkeiten aus dem Gedächtnis abgerufen, um auf die Situation reagieren zu können. Alle Reaktionsmöglichkeiten, die in Betracht kommen, werden überprüft. Dabei reagieren aggressive Personen weniger kompetent, weniger bejahend und bieten weniger durchdachte Problemlösungen an. Sie verhalten sich weniger prosozial oder beziehungsfördernd. Beim Eintreten in eine Gruppe zeigen sie destruktive Verhaltensweisen wie verbale oder physische Aggression. Entsprechend reagieren sie auf Provokationen. Führt ihre Reaktion nicht zu dem gewünschten Erfolg, suchen sie kaum nach alternativen konstruktiven Lösungsmöglichkeiten (Dodge, 1993).

5) Handlungsentscheidung

Die Handlung wird nach Kosten, Nutzen und Folgen ausgewählt.

Die vierte Stufe beschreibt die individuelle Entscheidungsfindung in Bezug auf die Handlung. Hierbei können Bewertungen eine Rolle spielen, die mit dem moralischen Urteil verknüpft sind, wie die Kategorien „gut“ und „böse“. Ebenso sind die zu erwartenden Konsequenzen bezüglich der interpersonalen, intrapersonalen und instrumentellen Ergebnisse von Bedeutung. Zusätzlich werden anhand des Handlungszieles potentielle Reaktionen aus dem vorhandenen Handlungsrepertoire abgerufen oder neue Handlungsmöglichkeiten entwickelt. Aggressive Kinder und Jugendliche zeigen weniger Lösungen, um sich verbal durchzusetzen sowie weniger Kompromisslösungen (Lochman & Dodge, 1998).

6) Handlungsausführung

Die ausgewählte Handlung wird in Gang gesetzt und überwacht.

Die ausgewählte Reaktionsmöglichkeit wird in konkretes verbales und/oder motorisches Verhalten umgesetzt. Aggressive Personen sind weniger geübt, sozial kompetentes Verhalten zu zeigen und haben Schwierigkeiten, es auszuführen. Außerdem haben sie mehr Erfahrungen mit dem Ausführen aggressiven Verhaltens gemacht, darunter manche, mit denen sie kurzfristige Erfolge hatten. Die Ausführung der Handlung wird von der Person überwacht und gegebenenfalls modifiziert (Ziv & Sorongon, 2011).

Bewertung und Reaktion der Umwelt; eigene Empfindungen

Die Reaktionen der Umwelt und die eigenen Empfindungen werden von der handelnden Person registriert und können eine erneute Handlung bei ihr auslösen. Studien der Reaktionsbewertung und Entscheidung zeigen, dass aggressive Kinder positive Folgen von ihrem aggressiven Verhalten erwarten (Dodge et al., 2002; Ziv & Sorongon, 2011).

Weitere Forschungsergebnisse zum Informationsverarbeitungsmodell von Dodge

In der Weiterentwicklung des Modells geht es Forschern wie Orobio de Castro et al. (2004) darum, die Informationsverarbeitung von einer stark emotionalen zu einer eher kognitiv-reflexiven Verarbeitung weiter zu entwickeln. Es werden Faktoren herausgearbeitet, die das Erreichen des reflexiven Status´ einerseits erschweren wie Aggressivität und Impulsivität und ihn andererseits begünstigen wie Empathie, Perspektivenübernahme und die Wahrnehmung der Emotionen und Handlungsintentionen anderer (Orobio de Castro et al., 2004).

Von großem Interesse sei die Suche nach den Faktoren, die das Erreichen des reflexiven Status´ einerseits erschwerten und denen, die es begünstigten – wie Empathie, Perspektivenübernahme und die Wahrnehmung der Emotionen und Handlungsintentionen anderer (Orobio de Castro et al., 2004).

Die beschriebenen kognitiven Informationsverarbeitungsprozesse sind beeinflusst von dem gespeicherten Wissens- und Erfahrungsschatz der betreffenden Person. Crick und Dodge (1994) haben die subsummierten Gedächtnisinhalte, Regeln, sozialen Schemata und das Wissen die „Schaltzentrale“ genannt. Hieraus rufen wir Informationen über soziale Regeln, über Erinnerungen an ähnliche Erfahrungen und über Erfolge und Misserfolge ab. In der Regel laufen all diese Prozesse fast vollständig automatisiert ab und bieten daher wenig Spielraum für Reflexionen und Variationen.

Schaltzentrale der Prozesse der sozial-kognitiven Informationsverarbeitung (Crick & Dodge, 1994)

- Gedächtnis
- erworbene Regeln
- soziale Schemata
- soziales Wissen

Lemerise und Arsenio (2000) wandelten, um den Spielraum für die Emotionen während des Prozesses der Informationsverarbeitungsprozesse zu unterstreichen, das ursprüngliche Modell von Dodge und Kollegen ab, indem sie einen emotional stärkeren Prozess postulierten. Bei jedem der sechs Verarbeitungsprozesse kann danach von einer emotionalen Beteiligung bei der Verarbeitung ausgegangen werden.

Die Gestaltung von Beziehungen und Kommunikation wird entscheidend davon beeinflusst, welche Information wir aufnehmen, wie wir sie bewerten und in unseren Erfahrungsspeicher einordnen (Aronson, Wilson, Akert, 2004; Zimmer, 2005).

Studien haben gezeigt, dass Kinder und Jugendliche mit problematischem aggressivem Verhalten oder auch sozial unsichere Kinder Defizite und Abweichungen auf den Verarbeitungsstufen aufweisen (Petermann & Petermann, 2010; 2012).

In Studien zum Verarbeitungsschritt der Enkodierung oder dem Erkennen zeigen aggressive Kinder eine Überempfindlichkeit gegenüber bedrohlichen Reizen oder einen Mangel an Aufmerksamkeit für nicht bedrohliche Reize oder sogar beides auf (Horsley et al., 2010). Es besteht eine eindeutige Verbindung zwischen aggressivem Verhalten bei Schülern und untypischem Enkodieren visueller Informationen.

Allerdings beachten aggressive Kinder nicht, wie bisher angenommen, bedrohliche Hinweisreize länger als unauffällige Gleichaltrige, sondern schenken den nicht-bedrohlichen Situationen mehr Aufmerksamkeit. Aggressive Kinder unterstellen aber ihrem Gegenüber sehr schnell Feindseligkeit; neutrale Informationen werden dabei ausgeblendet. Diese verzerrte Wahrnehmung führt im nächsten Schritt zur Zuschreibung feindlicher Absicht und schließlich aggressiver Reaktionen, da die nicht-bedrohlichen Informationen außer Acht gelassen werden. Zahlreiche Studien zum zweiten Verarbeitungsschritt, der Interpretation, weisen daraufhin, dass Kinder mit aggressiven Verhaltensweisen dazu tendieren, in zweideutigen Situationen anderen schnell und endgültig eine feindliche Absicht zu unterstellen (Orobio de Castro et al., 2002; Fontaine, 2010; Lansford et al., 2006).

Beim Finden des Handlungszieles zeigt sich, dass Kinder, die zu Wutausbrüchen neigen und regelmäßig instrumentelle und selbstverteidigende Ziele wählen, sich mit höherer Wahrscheinlichkeit aggressiv verhalten, während Kinder, die soziale Ziele wählen, sich gewöhnlich nicht aggressiv verhalten (Dodge, 2010). Zudem verfolgen aggressive Kinder seltener eine friedliche Konfliktlösung (Heidgerken et al., 2004).

Im vierten Verarbeitungsschritt, der Reaktionsgenerierung, äußern sich Defizite dahingehend, dass aggressive Jungen im Vergleich zu ihren unauffälligen Gleichaltrigen weniger Reaktionsmöglichkeiten zur Problemlösung hervorbringen (Lochman & Dodge, 1998 – zitiert nach Matthys & Lochman, 2005). In Bezug auf die Qualität zeigen aggressive Kinder weniger Lösungen, um sich verbal durchzusetzen (Joffe et al., 1990 – zitiert nach Matthys & Lochman, 2005).

2.1.2 Sozial-kognitive Lerntheorie

Eine weitere theoretische Grundlage des FIT FOR LIFE-Trainings bildet die sozial-kognitive Lerntheorie von Bandura (1986). Aus ihr werden Strukturen, Methoden und Verhaltensweisen abgeleitet, um Lernprozesse zu optimieren. Unter motivationaler Betrachtungsweise ist das lernpsychologische Prinzip der Selbstwirksamkeit von Bandura (1994) entscheidend. Mit Hilfe dieses Prinzips sind mangelnde Motivation, Apathie und Widerstand erklärbar und es werden Möglichkeiten der Verbesserung sozialen Handelns aufgezeigt.

Es wird von einer kontinuierlichen Interaktion zwischen Individuum und Umwelt ausgegangen. So erzeugen manche Personen durch ihr aggressives Verhalten eine missgestimmte Umwelt, die ihrerseits auf das aggressive Verhalten der betroffenen Person zurückwirkt. Wenn Menschen eine Handlung ausführen, liegt dem ein Prozess zugrunde, bei dem nicht automatisch auf äußere Reize reagiert wird, sondern Motive, Emotionen und komplexe Denkprozesse eine Rolle spielen.

Lerneffekte und Prozesse des sozialen Lernens

In Anlehnung an die Theorie von Bandura (1986) gehen wir von drei verschiedenen Lerneffekten aus.

Beobachtungslerneffekt

Hiernach wird neues Verhalten durch das Beobachten und Nachahmen eines erfolgreichen „Modells“ erworben.

Verhaltenshemmungen hervorheben oder abschwächen

Durch die Beobachtung von Modellen können Hemmungen von Verhaltensweisen, die der Beobachter schon vorher gelernt hat, verstärkt oder abgeschwächt werden. Dies erfolgt durch die Beobachtung von strafenden oder belohnenden Konsequenzen bei der Modellperson.

Verhaltensaktivierung durch gezielte Hinweise

Durch Diskriminationslernen wird verdeutlicht, in welchen Situationen eine bestimmtes Verhalten eingesetzt werden kann und in welchen nicht. Hierbei wird auf das eigene, bereits vorhandene Verhaltensrepertoire zurückgegriffen; es wird dabei nicht unbedingt neues Verhalten gelernt.

Damit soziales Lernen in der oben beschriebenen Form erfolgen kann, müssen die von Bandura (1986) benannten vier Prozesse durchlaufen werden:

1. **Prozess: Aufmerksamkeit und ihre Bedingungen,**
2. **Prozess: Gedächtnis und seine Optimierung,**
3. **Prozess: Ausführen von Verhalten und**
4. **Prozess: Motivation mit unterschiedlichen Arten der Verstärkung.**

Diese Prozesse bilden die Voraussetzungen dafür, dass Verhalten von Modellen übernommen werden kann (Bandura, 1986). Wird sozial angemessenes Verhalten trotz mehrmaliger Darbietung von Modellen nicht gezeigt, muss angenommen werden, dass die vier Prozesse nicht vollständig durchlaufen wurden. Diese Defizite können diagnostiziert und behoben werden, damit es zu effektiven Lernerfolgen kommen kann (Petermann & Petermann, 2010).

1. Prozess: Aufmerksamkeit und ihre Bedingungen

Wie bereits durch die Darstellung des sozial-kognitiven Informationsverarbeitungsmodells deutlich wurde, spielt die Wahrnehmung sozialer Geschehnisse eine herausragende Rolle. Auch beim Beobachtungslernen stellt sie einen wichtigen Teilprozess dar. Allein die Darbietung von Modellen bietet noch nicht die Gewähr dafür, dass genügend Aufmerksamkeit entwickelt wird. Soll das Modelllernen erfolgreich sein, muss die Aufmerksamkeit geweckt, aufrechterhalten und gegebenenfalls erhöht werden. Hierbei sind die Merkmale der Modellperson, ihr Status, ihre Kompetenz und Sachkenntnis von Bedeutung. Bei Jugendlichen lenken unter anderem Abhängigkeitsbedürfnisse, Selbstwertgefühle und die Einschätzung der eigenen Kompetenzen den Grad der Aufmerksamkeit. Die Klarheit und Strukturiertheit der Handlungssituation und des Handlungsablaufs (Reizbedingungen) spielen ebenfalls eine Rolle. Weitere Merkmale der Reizsituation liegen in der Deutlichkeit, dem Aufforderungscharakter, der Komplexität sowie dem funktionalen Wert des beobachteten Verhaltens. Ebenso wichtig ist eine positive Wahrnehmungshaltung: Es muss eine ausreichende Motivation vorhanden sein, neues Verhalten erlernen zu wollen. Diese Haltung ist abhängig von früher erfahrenen Verstärkungen.

2. Prozess: Das Gedächtnis und seine Optimierung

Das beobachtete Verhalten muss in einem weiteren Schritt bildlich oder verbal gespeichert werden, um es später ausführen zu können. Liegen komplexe Handlungen vor, werden diese symbolisch in Form von Worten oder Bildern kodiert. Bei dieser Form des Speicherns von Informationen kann es zu Wahrnehmungsverzerrungen kommen, da oft nicht das Wesentliche mit seinen Details behalten wird, sondern eine innere individuelle Übersetzung davon. Daher ist für den Prozess des Behaltens des Wesentlichen eine symbolische oder motorische Wiederholung mit Feedback nötig (s. Kapitel 2.5.2).

3. Prozess: Ausführen von Verhalten

In dieser Phase geht es um das motorische Einüben und Ausführen eines vorher beobachteten Verhaltens, das physische Fähigkeiten und die Verfügbarkeit von Teilreaktionen voraussetzt. Mit anderen Worten, selbst wenn die symbolischen Repräsentationen modellierter Handlungsweisen entwickelt und im Gedächtnis gespeichert sind, kann die Handlung gegebenenfalls nicht ausgeführt werden, wenn notwendige Teilfunktionen nicht beherrscht werden. Um selbst beurteilen zu können, ob das neu gezeigte Verhalten angemessen war, bedarf es eines angemessenen Feedbacks von außen.

4. Prozess: Motivation und Verstärkung

Wenn die oben genannten Prozesse durchlaufen sind, hat Modelllernen stattgefunden. Ob dieses Verhalten in Zukunft auch gezeigt wird, hängt wesentlich von der Motivation ab. Wird ein Verhalten nicht bekräftigt oder gar bestraft, wird es künftig kaum ausgeführt werden. Die notwendige *motivierende Verstärkung* erfolgt nach Bandura (1986) durch *direkte äußere* Anreize wie die materiellen Verstärkung in Form von Geld, Essen oder neuer Kleidung, sowie durch Lob, Anerkennung und Zuwendung (= soziale Verstärkung).

Von *stellvertretender Verstärkung* wird gesprochen, wenn der Lernende eine „Modellperson“ beobachtet, die für ein gezeigtes Verhalten belohnt wird. Hierbei wird der lernende Beobachter gleichzeitig mitbekräftigt und veranlasst, das Verhalten ebenfalls zu zeigen.

Viele komplexe soziale Lernprozesse werden entscheidend durch die Selbstverstärkung beeinflusst. Die *Selbstverstärkung* besteht darin, sich für die Erreichung eines Ziels selbst zu belohnen oder im Fall des Nichterreichens auf Belohnung zu verzichten (Petermann & Petermann, 2015). Selbstverstärkung und Verstärkungsmechanismen aus der sozialen Umwelt beeinflussen menschliches Verhalten und wirken sich auf Aufmerksamkeits-, Gedächtnis- und motorische Reproduktionsleistungen aus. Welchem der beiden Mechanismen eine Person mehr unterliegt, hängt von individuellen Eigenschaften und Lernerfahrungen ab.

Im Folgenden wird ein Überblick dargestellt, wie die Prozesse der sozial-kognitiven Lerntheorie im FIT FOR LIFE-Training realisiert werden.

FIT FOR LIFE und die sozial-kognitive Lerntheorie
Bandura (1994)

Aufmerksamkeit	• Ansprechende Arbeitsmaterialien • Bedeutsame jugendrelevante Themen der Trainingsmodule
Gedächtnis	• Konzentrationsübungen • Cartoons auf Modulblättern und Arbeitsblättern • Verwendung von Signalkarten
Verhalten ausführen	• Verhaltensübungen (Teilhandlungen) • Rollenspiele (komplexe Handlungsmuster) • Verhaltensübungen in der Realsituation (Transfer)
Motivation	• Direkte soziale Verstärkung (Lob, Feedback, anerkennendes Nicken, Lächeln u. ä.) • Stellvertretende Verstärkung (die Beobachtung direkter Verstärkung anderer) • Selbstverstärkung (Gruppenregel, persönliche Regel, Verhaltensübungen in der Realsituation mit Beobachtungsbogen)

Konzept der Selbstwirksamkeit

Die sozial-kognitive Lerntheorie wurde von Bandura um das Konzept der Selbstwirksamkeit erweitert (Bandura, 1994). Hiermit ist die Überzeugung gemeint, durch eigene Kompetenz die angestrebten Ergebnisse und Ziele zu erreichen. Die Motivation, eine Handlung auszuführen oder nicht, wird durch diese Kompetenz- und Ergebniserwartung einer Person beeinflusst (Bandura, 1994).

Die *Ergebniserwartung* einer Person beinhaltet die Annahme darüber, ob sie die mit der sozialen Situation gestellte Aufgabe lösen wird. Es handelt sich also um die innere Überzeugung, ein bestimmtes Verhalten erfolgreich ausführen zu können.

Die *Kompetenzerwartung* des Individuums umfasst die subjektive Einschätzung darüber, ob es über die nötigen Fähigkeiten verfügt, bestimmte Verhaltensweisen auszuführen. Handlungen werden nur dann ausgeführt, wenn eine positive Ergebniserwartung und eine hinreichend hohe Kompetenzerwartung vorliegen.

Diese Zusammenhänge verdeutlichen, dass kognitive, soziale und emotionale Prozesse das Verhalten beeinflussen. Gedanken, Gefühle und Verhalten wirken wechselseitig aufeinander und müssen daher bei einer Verhaltensmodifikation Berücksichtigung finden. Das Erleben eigener Wirksamkeit bildet die Vorbedingung für ein kompetentes, zielorientiertes Verhalten. Zweifel an den eigenen Fähigkeiten, fehlende Überzeugung, das eigene Leben gestalten und Einfluss nehmen zu können, führen zu sinkendem Selbstvertrauen. Personen mit niedrigen Selbstwirksamkeitserwartungen denken weniger über Problemlösestrategien nach und entwickeln signifikant häufiger Stresssymptome. Sie sind geprägt von einer negativen Grundstimmung, von Mutlosigkeit und dem Gefühl, Opfer äußerer Umstände zu sein (Bandura, 1986, 1994; Seligman, 1999; Schwarzer, 2000).

Personen, die Vertrauen in die eigene Handlungskompetenz entwickeln konnten, erleben ihre eigene Wirksamkeit durch kompetentes, zielorientiertes Handeln. Sie zeigen sich in der Lage, vielfältige Möglichkeiten der Problembewältigung zu entwickeln und Misserfolge zu überwinden. Dies führt zur Bewältigung von immer schwierigeren Problemen und zum Aufbau von Selbstvertrauen und Selbstsicherheit.

Stufen der Selbstwirksamkeit
Bandura (1994)

- Erleben eigener Wirksamkeit
- Kompetentes, zielorientiertes Handeln
- Vielfältige Möglichkeiten der Problembewältigung
- Überwinden von Misserfolgen
- Bewältigung von immer schwierigeren Problemen
- Selbstvertrauen und Selbstsicherheit

2.1.3 Jugendpsychologie

Das Jugendalter wird als die Lebensphase beschrieben, die zwischen der Kindheit und dem Erwachsenenstatus liegt (Hurrelmann & Qenzel, 2013). Das Jugendalter stellt eine Lebensspanne des Übergangs dar, die durch eigene Werte und Besonderheiten gekennzeichnet ist. Die Zwischenposition impliziert, Verhaltensformen und Privilegien der Kindheit aufzugeben und neue Kompetenzen zu erwerben.

Viele Anforderungen und Aufgaben kommen auf die Jugendlichen zu. Es werden ihnen unterschiedliche Fähigkeiten und Fertigkeiten abverlangt, um den Übergang ins Erwachsenenalter bewältigen zu können. Körperliche und sexuelle Veränderungen, soziale und schulische Belastungen, persönliche Zweifel und Versuchungen, die für diese Phase typisch sind, ängstigen, verwirren und deprimieren viele Jugendliche (Comer, 2008).

Vor über 50 Jahren wurde der Begriff der Entwicklungsaufgaben in der Entwicklungspsychologie bekannt und charakterisiert einen wesentlichen Aspekt der Lebensphase Jugend (Havighurst, 1982; Hurrelmann und Quenzel, 2013).

In jeder Lebensphase kommt eine Reihe von Aufgaben hinzu, die zu bewältigen sind, um den Übergang in die nachfolgende Phase zu schaffen. Der Übergang von einer Lebensphase in die andere ist durch die Übernahme von Rollen gekennzeichnet. Im Übrigen ist der Übergang fließend, variiert individuell und ist kulturabhängig.

Abbildung 3 gibt einen Überblick über die Entwicklungsaufgaben von drei Lebensphasen und den jeweiligen Übergängen zwischen ihnen.

Manche Jugendliche scheitern an den Aufgaben der Entwicklung und zeigen stattdessen Verhaltensauffälligkeiten, Verhaltensstörungen und psychische Störungen. Erst dann, wenn die Entwicklungsaufgaben einer Phase bewältigt wurden, gelingt der Übergang in die nächste Phase.

Die Entwicklung und der Aufbau einer ausreichenden sozialen Kompetenz (s. Kapitel 1) befähigt eine Person, sich in sozialen Interaktionen so zu verhalten, dass für alle Beteiligten ein Optimum an positiven Konsequenzen erfolgt. Ein sozial kompetentes Verhalten bringt ein Minimum an negativen Konsequenzen mit sich und wird von der Umwelt positiv bewertet und akzeptiert. Die Entwicklung einer kognitiven und sozialen Kompetenz ist in der Entwicklungsphase „Jugend" gefordert, um sich selbstverantwortlich schulisch und beruflich zu qualifizieren. Das geschieht mit dem Ziel, sich eine selbständige Existenz als erwachsener Mensch aufbauen zu können.

Zu den Entwicklungsaufgaben gehört die Entwicklung einer Geschlechtsidentität und eines sozialen Bindungsverhaltens zu Gleichaltrigen. Eingeschlossen ist hier die Fähigkeit, eine Partnerbeziehung aufzubauen.

Abbildung 3: Entwicklungsaufgaben (nach Hurrelmann & Quenzel, 2013)

Entwicklungsaufgaben				
Entwicklungsaufgaben des Kindes	*Übergang*	*Entwicklungsaufgaben des Jugendlichen*	*Übergang*	*Entwicklungsaufgaben des Erwachsenen*
Emotionales Grundvertrauen	Aufgaben selbständig bewältigen ⇨	Qualifizieren	Berufsrolle ⇨	Ökonomische
Intellektuelle Fähigkeiten		Binden Partnerfähigkeit und Geschlechtsidentität	Rolle als Partner ⇨	Familie: Kinder versorgen
Motorische und sprachliche Fähigkeiten	Soziale Kontakte aufnehmen ⇨	Konsumieren Fähigkeit zu angemessenem Konsumverhalten	Kultur- und Konsumenten-rolle ⇨	Teilnahme an Kultur und Konsum
Grundlegende soziale Kompetenzen		Partizipieren Normen und Wertesystem	Bürgerrolle ⇨	Teilnahme am öffentlichen und politischen Leben

Um einen eigenen Lebensstil entwickeln zu können, müssen Handlungsmuster für die Nutzung des Konsumwaren- und Freizeitmarktes gefunden werden. Ziel ist es, einen zugleich gesteuerten und bedürfnisorientierten Umgang mit dem Konsumangebot zu finden.

Zur Entwicklung eines Normen- und Wertesystems gehört ein ethisches und politisches Bewusstsein. Das Ziel ist die verantwortliche Übernahme von gesellschaftlichen Partizipationsrollen im kulturellen und politischen Raum (Hurrelmann & Quenzel, 2013). Die hier beschrieben Entwicklungsaufgaben werden in Abbildung 3 zusammengefasst wiedergegeben.

Störungen des Sozialverhaltens und Entwicklung von Scheinkompetenzen

Vor diesem Hintergrund ist die Frage zu stellen, welche Störungen und Probleme in dem kritischen Lebensabschnitt „Jugendalter" auftreten, wenn aus unterschiedlichen Gründen wichtige Entwicklungsaufgaben nicht oder nicht vollständig bewältigt werden. Der Fokus ist hierbei auf die Störungen des Sozialverhaltens und die Entwicklung von scheinbaren Handlungskompetenzen gerichtet.

Petermann und Petermann (2010; 2015) unterscheiden Störungen des Sozialverhaltens nach *defizitären* und *exzessiven* Verhaltensweisen. Unter defizitären Verhaltensweisen wird sozialer Rückzug verstanden, der langfristig zur Isolation der Jugendlichen führt. Diese Jugendlichen sind kontaktscheu, schüchtern, initiativelos, haben ein geringes Aktivitätsniveau und erscheinen sich selbst und der Umgebung gegenüber gleichgültig. Durch die zunehmende Isolation wird es für solche Jugendlichen schwierig, sich in sozialen Fertigkeiten zu üben und Erfahrungen der Selbstwirksamkeit im Umgang mit anderen zu sammeln. Die Folge ist sozialer Rückzug, soziale Unsicherheit bis hin zur Apathie.

Typische exzessive Verhaltensweisen stellen Aggression und Delinquenz in Form von Vandalismus, Diebstahl und Körperverletzung dar. Zu diesen Phänomenen gehört auch die Gewalt an Schulen, die sich in unterschiedlichen Formen zeigt. Sie reicht von Vandalismus, zu verbaler und nonverbaler Aggression bis zu Gewalt gegen Mitschüler und Lehrer. Die Aggressionsforschung beschäftigte sich bisher mit offenen aggressiven Verhaltensweisen an Schulen (schubsen, beschimpfen, prügeln; vergl. Petermann, Jugert, Verbeek & Tänzer, 2008). Inzwischen wird seit einigen Jahren auch die verdeckte, indirekte Form von Aggression mit berücksichtigt. Sie wird auch als soziale oder relationale Aggression bezeichnet (Jugert, Scheithauer, Notz & Petermann, 2000; Olweus, 2006; Scheithauer, Hayer, Petermann & Jugert, 2006). Relationale Aggression wird als ein Verhalten definiert, das die Beziehungen zu Gleichaltrigen oder die Gefühle der sozialen Zugehörigkeit und Akzeptanz zu beschädigen sucht (Intrigen, Mobbing, Gerüchte). Auch diese Form der Aggression geht mit bedeutsamen psychosozialen Beeinträchtigungen für das Opfer und den Aggressor einher (Scheithauer, Hayer & Petermann, 2003).

Zu den Entstehungsbedingungen aggressiven Verhaltens gehören familiäre Einflüsse ebenso wie genetische und persönlichkeitsspezifische (Baving, 2008). Aggressive Handlungen werden im Wesentlichen durch die Reaktionen der Gleichaltrigen, der Erwachsenen und der Opfer selbst verstärkt. Mit anderen Worten: Die gelernten Verhaltensmuster werden durch Vorurteile, durch die Hilflosigkeit des Opfers, durch die Passivität von Erwachsenen und durch die Bewunderung von Gleichaltrigen verstärkt. Dieser Kreislauf der Aggression trägt dazu bei, in Institutionen, aber auch in der Öffentlichkeit das Ausmaß an Aggression und Gewalt aufrecht zu erhalten oder sogar zu steigern. In Anlehnung an Olweus (2006) wird dieser Kreislauf in Abbildung 4 wiedergegeben.

Abbildung 4: Kreislauf der Gewalt (nach Olweus, 2006)

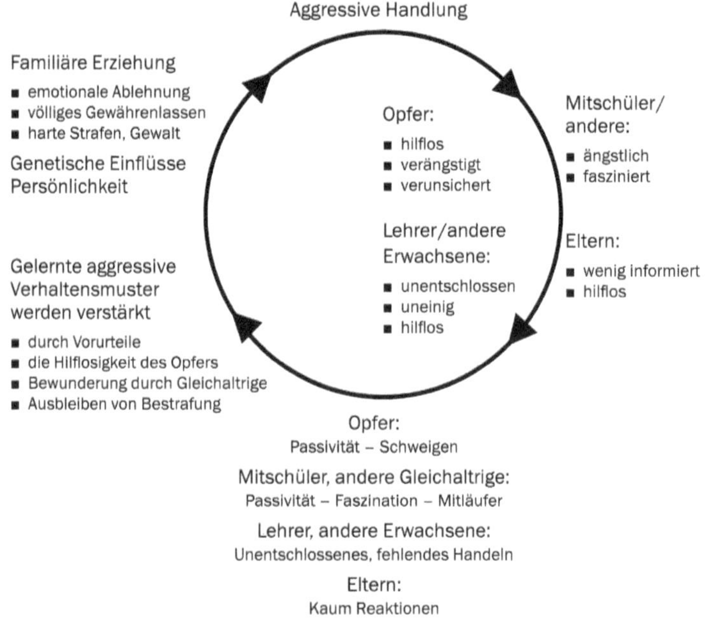

In Anlehnung an Olweus (2006)

Sozial unsicheres und aggressives Verhalten lässt sich nach Petermann und Petermann (2010; 2014) unter dem Begriff der Scheinkompetenzen subsummieren. Hiernach entwickeln Jugendliche scheinbare, das heißt sozial inadäquate Kompetenzen, wenn es ihnen im Laufe ihrer Entwicklung nicht gelingt, sozial akzeptierte Entwicklungsaufgaben zu bewältigen.

Am Beispiel von delinquentem Verhalten lässt sich die Entwicklung von Scheinkompetenzen verdeutlichen. Jugendliche, die in den Bereichen Schule und Ausbildung wenig Erfolg und Bestätigung erfahren, verlagern ihr Handeln in andere Bereiche, in denen ihnen Erfolg und Anerkennung sicher sind. So ist das Ausrauben eines Geschäftes für sie ein Erfolg, da sie neben dem materiellen Gewinn die soziale Anerkennung ihres Umfeldes erfahren.

Scheinkompetenzen als Ausdruck misslungener Bewältigung von Entwicklungsaufgaben (Petermann & Petermann, 2010)

- Aggression
- Delinquenz
- Soziale Unsicherheit, sozialer Rückzug, Apathie
- Alkohol-, Drogen- und Medikamentenabhängigkeit
- Verweigerungsverhalten (Schulverweigerung, Aussteiger)
- Extremes Essverhalten (Adipositas, Anorexia nervosa, Bulimia nervosa)

2.2 Zielgruppen

Die Zielgruppe des FIT FOR LIFE Trainings sind Jugendliche und junge Erwachsene, vor allem aber solche, die als sozial benachteiligt bezeichnet werden. Die Jugendsoziologen Hurrelmann und Quenzel (2013) benennen unter diesem Aspekt folgende Gruppen:

- Absolventen der Förderschule
- Jugendliche ohne Hauptschulabschluss
- Jugendliche, die eine Lehre abgebrochen haben
- Jugendliche mit Migrationshintergrund (u.a. Umsiedler, Asylbewerber)
- Migranten

Dieser Personenkreis hat es besonders schwer, sich in der Gesellschaft eine berufliche Perspektive zu erarbeiten und ein eigenständiges und selbstbestimmtes Leben zu führen. Neben der qualifizierten Schulbildung sind im Beruf soziale Handlungskompetenzen wie die Fähigkeit zu Teamarbeit, zu Kooperation und zum konstruktiven Konfliktverhalten gefragt. Es sind also solche Jugendlichen von Benachteiligung betroffen, die ein Defizit in ihrem Repertoire sozialer Fähigkeiten und Fertigkeiten aufweisen. Der Umgang mit Konflikten, motiviertes Lernen, Konzentration und Ausdauer sowie ein angemessenes Kommunikationsverhalten sind wichtige Schlüsselqualifikationen für die erfolgreiche Bewältigung gesellschaftlicher und beruflicher Anforderungen. Fehlen diese, wird der Eintritt ins Berufsleben erschwert oder verhindert, was häufig die gesellschaftliche Ausgrenzung nach sich zieht. Das Erlernen und Ausüben eines Berufs stellt nach Hurrelmann und Quenzel (2013) eine der Entwicklungsaufgaben dar, die im Jugendalter bewältigt werden müssen.

Gelingt die berufliche Integration nicht, ist davon auszugehen, dass auch andere Entwicklungsaufgaben nicht erfolgreich gemeistert werden. Darunter fällt die Ablösung vom Elternhaus, der Aufbau von Freundschaften, die Übernahme von erwachsenen Verhaltensaufgaben wie die Gründung einer Familie und die Teilnahme am öffentlichen Leben (s. Kapitel 2.1.3).

Das Training FIT FOR LIFE fördert neben der sozialen Kompetenz und beruflichen Schlüsselqualifikationen auch die persönliche Entwicklung des einzelnen Jugendlichen und seine gesellschaftliche Integration. Es ist darüber hinaus ein *präventives* Programm: Es beugt Verhaltensauffälligkeiten vor und ist so konzipiert, dass ein breites Spektrum von Jugendlichen und jungen Erwachsenen davon profitieren kann. Es dient nicht der Behandlung von Verhaltensauffälligkeiten im Sinne einer Psychotherapie.

Das Training ist mit gewissen Modifikationen auch geeignet, die soziale Kompetenz von jungen Straftätern zu fördern. Gerade bei diesen ist es notwendig, soziale Kompetenzen und Selbstwirksamkeitsüberzeugungen aufzubauen, damit sie ihre Scheinkompetenzen abbauen und schwierige Situationen zu bewältigen lernen (Loeber & Farrington, 1998; Rehder, Notz & Jugert, 2005; s. Kapitel 2.8.5).

Der besonderen Förderung der interkulturellen Kompetenz im Zusammenleben von in- und ausländischen Jugendlichen wird in dem Training FIT FÜR KULTURELLE VIELFALT (Jugert, Jugert & Notz, 2014) Rechnung getragen.

2.3 Ziele

Das Training FIT FOR LIFE verfolgt Ziele auf unterschiedlichen Ebenen. Ein übergeordnetes Ziel ist die berufliche und gesellschaftliche Integration von Jugendlichen durch die Vermittlung sozialer Kompetenz und beruflicher Schlüsselqualifikationen.

In Anlehnung an das Konzept der Selbstwirksamkeit von Bandura (1994; s. Kapitel 2.1.2) streben Menschen danach, ihre eigene Wirksamkeit zu erfahren. Dadurch wird es möglich, sich an immer schwierigere Probleme heran zu wagen und durch deren Bewältigung ein höheres Selbstvertrauen zu entwickeln (Petermann & Petermann, 2010). Machen Jugendliche die Erfahrung, dass das eigene Handeln zu den angestrebten Konsequenzen führt, dann wirkt dies verstärkend und führt langfristig zu einem höheren Selbstvertrauen.

Sozial benachteiligte Jugendliche haben in der Regel wenig Erfolg erlebt. Sie sind es nicht gewohnt, die Folgen ihres Tuns auf das eigene Handeln zu beziehen und neigen dazu, ihre Selbstwirksamkeit anzuzweifeln. Ein wesentliches Ziel des Trainings ist es daher, die eigene Selbstwirksamkeit zu erleben, die Erwartung der Selbstwirksamkeit als Kompetenz zu entwickeln, um schließlich auch Misserfolge als positive Herausforderung aufzufassen.

Vor diesem Hintergrund und unter Berücksichtigung der beruflichen Schlüsselqualifikationen wurden die im folgenden dargestellten inhaltlichen Ziele des Trainings FIT FOR LIFE entwickelt.

Ziele des Trainings FIT FOR LIFE

- Aufmerksamkeit und Ausdauer
- Lern- und Leistungsmotivation
- Selbst- und Fremdwahrnehmung
- Realistische Selbsteinschätzung
- Selbstsicherheit
- Selbstkontrolle und Selbststeuerung
- Selbstmanagementstrategien
- Erkennen und Ausdrücken von Gefühlen
- Empathie und Perspektivenübernahme
- Kommunikation
- Kooperation und Teamfähigkeit
- Entscheidung und Planung
- Lob und Kritik geben und annehmen
- Überwinden von Misserfolgen
- Sozialkompetente Konfliktlösung
- Kritik- und Selbstkritikfähigkeit

2.3.1 Aufmerksamkeit und Ausdauer

Bei der Aufmerksamkeit spielen physiologische, emotionale, motivationale und kognitive Prozesse eine Rolle. Entsprechend der sozial-kognitiven Lerntheorie ist die Aufmerksamkeit eine notwendige Voraussetzung für soziales Lernen. Die fokussierte Aufmerksamkeit für eine bestimmte Sache willentlich aufrecht zu erhalten, ist die Voraussetzung dafür, eine bestimmte Aufgabe ausdauernd zu verfolgen. Beide Fähigkeiten sind Schlüsselqualifikationen, um sich die in der Ausbildung erforderlichen Fertigkeiten anzueignen und Aufgaben zu Ende zu bringen. Zweifel können die Aufmerksamkeit und Ausdauer behindern. Daher erhalten die Jugendlichen im Training konstruktives Feedback, und sie lernen gleichzeitig, sich selber zu motivieren, zu verstärken und ihr Verhalten zu kontrollieren.

2.3.2 Lern- und Leistungsmotivation

Durch den Aufbau von Vertrauen wird bei den Jugendlichen die Bereitschaft zu kooperativem Verhalten, die Lern- und Leistungsmotivation gefördert. Sie lernen ihre Stärken, Schwächen und Ressourcen kennen. Durch gezielte Rückmeldung und Verstärkung erfahren sie, dass ein direkter Zusammenhang zwischen Lern- und Leistungsmotivation und ihren Erfolgen und Misserfolgen besteht. Dadurch werden sie angeleitet, eigenverantwortlich zu handeln und ihre Leistungsfähigkeit realistisch einzuschätzen.

2.3.3 Selbst- und Fremdwahrnehmung

Manche Jugendliche über- oder unterschätzen sich und wissen nicht, wie sie von ihren Mitmenschen gesehen werden. Dies basiert zum Teil auf entwicklungsbedingtem, kognitivem Egozentrismus (Oerter & Montada, 2002). Eine realistische und angemessene Selbst- und Fremdwahrnehmung ist Voraussetzung für sozial kompetentes Verhalten (s. Kapitel 2.1.1). Wichtig ist dabei auch das Erkennen nonverbaler Kommunikationsabläufe. Hierzu zählt das Wahrnehmen und Interpretieren von Körpersprache und nonverbaler Signale.

2.3.4 Realistische Selbsteinschätzung

Das Training soll den Jugendlichen helfen, eine stabile und realistische Selbsteinschätzung zu entwickeln. Es beinhaltet das Wissen über die eigene Person und wird auch als Selbstbild oder Selbstschema bezeichnet (Petermann & Petermann 2010; 2015). Es beinhaltet die Einschätzung der eigenen Leistungsfähigkeit und das Bewusstsein, im Sinne der Selbstwirksamkeit nach Bandura (1994) Kontrolle ausüben zu können. Dies schließt die Gefühle ein, die eine Person sich selbst gegenüber hat. Die Selbsteinschätzung entwickelt sich sowohl durch die Wahrnehmung der eigenen Erlebnisse und des eigenen Verhaltens, als auch durch die Interaktion mit anderen und deren

Beurteilung. Durch die Übungen wird angestrebt, dass eine bewusste Auseinandersetzung mit der Selbsteinschätzung und Selbstwahrnehmung stattfindet. Mit Hilfe des gezielten Feedbacks werden die Jugendlichen angeleitet, sich selbst mit ihren Stärken und Schwächen anzunehmen und sich grundsätzlich wertzuschätzen. Sie lernen, ihre Fähigkeiten, Bedürfnisse, Lebensziele und Handlungsmöglichkeiten realistisch einzuschätzen. Durch das Erarbeiten und Akzeptieren der eigenen Stärken und Schwächen wird erreicht, dass die Jugendlichen ihre persönlichen und beruflichen Ziele formulieren und deren Umsetzung kritisch hinterfragen können, um zu einer realistischen Lebensgestaltung zu gelangen.

2.3.5 Selbstsicherheit

Die Jugendlichen werden durch das Training gefördert, eine ausreichende Selbstsicherheit zu entwickeln. Selbstsicherheit resultiert aus der positiv erfahrenen Selbstwirksamkeit. Ein selbstsicherer Mensch weiß, was er kann, was er anstrebt, welche Bedürfnisse und Gefühle er hat. Er kennt seine Grenzen, lässt sich dadurch aber nicht verunsichern, da mit größerer Selbstsicherheit die Frustration zunimmt und so die alltäglichen Anforderungen ausgeglichener und besser zu bewältigen sind. Ein selbstsicherer Jugendlicher ist kooperativ, kontakt- und teamfähig.

Es geht im vorliegenden Training darum, Jugendlichen zu mehr Sicherheit im Umgang mit anderen Menschen zu verhelfen, sowie ihnen Möglichkeiten zur Verbesserung ihrer Selbstsicherheit in verschiedenen Lebenssituationen nahe zu bringen. Mit zunehmender Selbstsicherheit verringern sich die soziale Angst einerseits und das aggressive Verhalten andererseits.

2.3.6 Selbstkontrolle und Selbststeuerung

Das Ergebnis von Selbstkontrolle ist, wenn eine Person ohne externe Kontrolle und ohne äußeren Druck ein angestrebtes Verhalten zeigt (Kanfer, Reinecker & Schmelzer, 2012). Durch das Erlernen von Selbstkontrolle und Selbststeuerung werden die Jugendlichen darin unterstützt, die im Training erlernten Verhaltensweisen langfristig in ihrem Verhaltensrepertoire zu integrieren. Hierzu werden die Jugendlichen angehalten, die Ursachen für ihr Verhalten einzuschätzen, sich selber kritisch zu beobachten und auf ausschließlich externe Erklärungen und Kontrollen zu verzichten. Ziel ist es, durch das Erlernen von Selbstkontrolltechniken, zum Beispiel in Form von Selbstverbalisation, die Selbststeuerung zu verbessern.

2.3.7 Selbstmanagementstrategien

Die Jugendlichen lernen, dass es einen Zusammenhang zwischen dem körperlichen und psychischen Wohlbefinden und der geistigen Leistungsfähigkeit gibt. Hierfür ist unter anderem eine ausgewogene Ernährung und eine gesunde und bewusste Lebensführung, eine Art Selbstmanagement notwendig. Dazu zählen beispielsweise ausreichend Schlaf, Sport, angemessener Umgang mit Alkohol sowie Verzicht auf eindeutig den Körper und die Psyche schädigende Substanzen. Die Jugendlichen lernen, wie sie ihre körperliche und psychische Gesundheit beeinflussen können.

2.3.8 Erkennen und Ausdrücken von Gefühlen

Eine differenzierte Wahrnehmung und Interpretation eigener und fremder Gefühle stellt ein weiteres Trainingsziel dar. Nach dem Modell der sozialkognitiven Informationsverarbeitung hängt das Dekodieren der Gefühle der Interaktionspartner von den eigenen Gefühlen, Erwartungen und Einstellungen ab. Unsere Handlungen werden wesentlich mitbestimmt von der kognitiven Repräsentation und dem Eindruck von unserem Gegenüber, was wir aufgrund von Informationsverarbeitungsprozessen gewinnen. So können verleugnete Gefühle zu unangemessenen Rektionen beitragen, wie sie zum Beispiel bei angstmotivierten aggressiven Personen zu beobachten sind. Vordringlich ist es daher, mit den Jugendlichen eine differenzierte Wahrnehmung und Interpretation eigener und fremder Gefühle zu erarbeiten und zu üben. Hierbei geht es auch um das Erkennen von Körpersignalen, die Auskunft über das innere Befinden einer Person geben. Die Jugendlichen lernen, dass sich Gefühle am Gesichtsausdruck, an der Sprache, der Körperhaltung und der Bewegung sowie an der Handlung erkennen lassen.

2.3.9 Empathie und Perspektivenübernahme

Ein weiteres Ziel ist das Einüben von Empathie und Perspektivenübernahme. Dieses wirkt einer hohen Selbstbezogenheit und einem aggressiven Konkurrenzverhalten entgegen (Petermann & Petermann, 2012). Dabei geht es um die Fähigkeit, sich in eine andere Person so hinein zu versetzen, dass Standpunkte und Sichtweisen der anderen Person vorstellbar werden. Um Einfühlungsvermögen entwickeln zu können, wird die Fähigkeit zur Rollenübernahme im Rollenspiel trainiert. Dadurch soll erreicht werden, dass unangemessenes Verhalten gehemmt wird, da die Jugendlichen angehalten werden, Gefühle, und Bedürfnisse anderer wahrzunehmen, zu berücksichtigen und zu akzeptieren.

2.3.10 Kommunikation

Sozial kompetentes Verhalten zeigt sich vor allem in der kommunikativen Kompetenz. Es wird vermittelt, dass Kommunikation mehr beinhaltet als das gesprochene Wort, denn auch nonverbale Signale gehören zur Kommunikation. Im Sinne einer angemessenen Selbstbehauptung wird das Beschreiben der eigenen Gefühle und Wünsche eingeübt, damit die Jugendlichen Verständnis und Akzeptanz bei anderen erreichen können. Eine wichtige kommunikative Fertigkeit ist gutes Zuhören.

2.3.11 Kooperation und Teamfähigkeit

Um bei Handlungsentscheidungen das Verhalten herauszufiltern, das den größten Nutzen und den geringsten Schaden für alle Beteiligten erbringt, ist kooperatives Verhalten notwendig. Nach Petermann und Petermann (2012) schließen sich aggressives Verhalten und kooperatives Verhalten gegenseitig aus. Das Training soll Jugendliche in die Lage versetzen, durch konstruktive Zusammenarbeit ein gemeinsames Ziel zu erreichen. Dafür ist es notwendig, eigene Ideen, Interessen und Bedürfnisse angemessen zu verbalisieren und kompromissbereit auf die Bedürfnisse des anderen einzugehen. Ebenso wichtig ist es, sich anderen gegenüber geduldig und rücksichtsvoll zu verhalten, Hilfe anzunehmen und zu gewähren.

2.3.12 Entscheidung und Planung (Beruf, Leben, Zukunft)

Ein wichtiger Baustein der sozialen Kompetenz stellt die Gestaltung und Planung des eigenen Lebens dar. Eigene Erwartungen, Ziele und Wünsche müssen erkannt und weiterentwickelt werden. Hierzu werden die einzelnen Ziele in Fern- und Nahziele zerlegt, was eine konkrete Umsetzung fördert und erleichtert. Die Planungskompetenz ist mit der sozialen Kompetenz in der Weise verknüpft, dass sich individuelle Ziele und Pläne nie isoliert verwirklichen lassen, sondern nur in Kooperation mit anderen Menschen. Im Hinblick auf die beschriebenen Entwicklungsaufgaben (s. Kapitel 2.1.3) steht die Planung der eigenen beruflichen Zukunft und die allgemeine Lebensplanung im Vordergrund.

2.3.13 Annehmen von Lob und Kritik, Überwinden von Misserfolgen

Das Erlernen des Umgangs mit Lob und Kritik ist ein weiteres Trainingsziel und gilt nach Petermann und Petermann (2010) als das schwierigste. Die Jugendlichen lernen, dass positive Rückmeldungen und soziale Anerkennung nicht zur Verlegenheit führen müssen, sondern das Selbstwertgefühl steigern können. Auf der anderen Seite soll die Frustrationstoleranz gegenüber berechtigter und unberechtigter Kritik verbessert werden. Die Jugendlichen sollen verstehen, dass ein angemessenes positives oder negatives Feedback immer eine Chance zur Weiterentwicklung darstellt. Nach dem Konzept der Selbstwirksamkeit (s. Kapitel 2.1.2) wird vermittelt, Erfolg und Misserfolg eigenverantwortlich zu bewerten.

2.3.14 Sozialkompetente Konfliktlösung

Ziel ist es, den Jugendlichen einen konstruktiven Umgang mit Konflikten zu vermitteln und zu verdeutlichen, dass Konflikte zum Leben gehören. Sie lernen, dass Konflikte nicht nur negativ einzustufen sind, sondern auch dazu beitragen, sich besser kennen zu lernen und ein Zusammenleben möglich zu machen. Die Jugendlichen lernen, was sich hinter einem Konflikt verbirgt – Gefühle, Bedürfnisse und Interessen – und dass diese den Verlauf eines Konfliktes bestimmen. Ungelöste Konflikte führen zur Eskalation und unterbrechen eine funktionierende Kommunikation. Schließlich sollen die Jugendlichen Strategien zu einer rationalen und konstruktiven Konfliktbewältigung kennen und anwenden lernen.

2.3.15 Kritik und Selbstkritikfähigkeit

Die Jugendlichen werden dazu angeleitet, anderen angemessenes Feedback zu geben und eigene Fehler oder Schwächen zu erkennen und entsprechende Kritik von anderen anzunehmen.

Entscheidend und am anspruchsvollsten ist das Feedback über ein Verhalten, das als kritisch oder negativ gesehen wird. Anders ausgedrückt: Die Jugendlichen erlernen, Kritik in angemessener Form zu äußern. Höhere Anforderungen stellt die Entgegennahme von Kritik dar, ob sie berechtigt und angemessen oder unberechtigt und unangemessen ist. Es kommt auf eine erhöhte Frustrationstoleranz und die differenzierte Verarbeitung von empfangener Kritik an. Es gilt, den Jugendlichen zu demonstrieren, dass Kritik und eine positive Einstellung zu eigenen Fehlern immer eine Möglichkeit zur

Weiterentwicklung bietet. Damit verbessern Jugendliche gleichzeitig ihre soziale Kompetenz, ihre Kooperations- und Teamfähigkeit. Es werden Möglichkeiten aufgezeigt und geübt, dieses Verhalten im konkreten Fall anzuwenden.

2.3.16 Zusammenfassung

Die Ziele des Kompetenztrainings FIT FOR LIFE sind zum einen aus den theoretischen Grundlagen und zum anderen aus der Analyse der geforderten beruflichen Schlüsselqualifikationen abgeleitet. Sie decken ein breites Spektrum von Fähigkeiten und Fertigkeiten ab, die die Jugendlichen benötigen, um sich in unterschiedlichen Kontexten und Situationen sozialkompetent zu verhalten.

2.4 Trainingsmethoden

Manche benachteiligten Jugendlichen zeigen wenig Interesse am Lernen. Dies resultiert in der Regel aus ihren schlechten Erfahrungen im Lern- und Leistungsbereich. Da ihre Schullaufbahn häufig von Misserfolgen gekennzeichnet ist, zeigen sie wenig Motivation und Interesse, sich mit neuen Lerninhalten auseinander zu setzen. Aus diesem Grund wurde bei der Konzeption des Trainings FIT FOR LIFE soweit wie möglich auf Methoden wie Frontalunterricht und Wissensabfrage verzichtet. Die Teilnehmer des Trainings werden nicht zensiert, sondern qualifiziert.

Bei den im Training angewandten Verfahren handelt es sich um lerntheoretisch fundierte Methoden, die im Folgenden vorgestellt werden. Ein besonderes Augenmerk wird dabei auf klare Struktur und Transparenz, Methodenvielfalt und Mitbestimmung gelegt.

Das Basisverhalten des Trainers ist von besonderer Bedeutung und wird in Kapitel 2.5. dargestellt.

2.4.1 Strukturiertes Rollenspiel und Verhaltensübung

Das strukturierte Rollenspiel ist die zentrale Methode, um neue oder bisher wenig gezeigte Verhaltensweisen in einem geschützten Rahmen risikofrei einüben zu können. Die Jugendlichen sollen im Rollenspiel lernen, ihre Probleme zu artikulieren und zu durchdenken sowie komplexes Sozialverhalten direkt einzuüben, zu modifizieren und zu festigen.

Ziel ist es, die Handlungskompetenzen der Jugendlichen zu erweitern und dadurch zugleich ihre Selbstsicherheit zu erhöhen. Durch die gezielte und differenzierte Rückmeldung zu dem gezeigten Verhalten stellt das strukturierte Rollenspiel ein hochwirksames Mittel zur Verhaltensmodifikation dar. Anhand der motorischen Reproduktion (Bandura, 1986), also der Ausführung von sozial angemessenen Verhaltensmustern und Interaktionsformen, lernen die Jugendlichen, sozial kompetentes Verhalten in unterschiedlichen Anforderungssituationen umzusetzen. So gelingt es ihnen, das neue Verhalten langfristig in ihr Verhaltensrepertoire zu übernehmen.

Das Rollenspiel ermöglicht die Entwicklung unterschiedlicher Lösungsstrategien und die Unterscheidung zwischen angemessenem und unangemessenem Verhalten. Im Rollenspiel sind die Jugendlichen aufgefordert, soziale Regeln einzuhalten und soziale Verhaltensweisen anzuwenden, Einfühlungsvermögen und Selbstkontrolle zu zeigen.

Beim strukturierten Rollenspiel werden Themen, Zielverhalten und Auswertungsmethoden durch die Trainer vorgegeben. Es wird zwischen Vorbereitungs-, Durchführungs- und Auswertungsphase unterschieden (vgl. auch Günther & Sperber, 2008).

In der *Vorbereitungsphase* wird das Zielverhalten mit den Jugendlichen erarbeitet, und es folgt eine Rollenverteilung mit genauer Definition von Ort, Zeit und Handlung. Die zu spielenden Rollen sollten gut beschrieben werden. Wenn erforderlich, erhalten die Teilnehmer bei der Einfühlung in ihre Rolle Hilfe vom Trainer oder den anderen Teilnehmern. Gemeinsam werden Überlegungen angestellt, welche Requisiten benötigt werden, um eine soziale Situation so realistisch wie möglich nachzuspielen. Je genauer und realistischer die Rahmenbedingungen geschaffen werden, desto leichter fällt es, sich in die Rolle hinein zu versetzen und den Transfer in den Alltag zu vollziehen (Großmann, 1996).

Viele Jugendliche haben Ängste und Vorbehalte, sich an einem Rollenspiel zu beteiligen, besonders dann, wenn die Szenen mit der Videokamera aufgezeichnet werden. Diese Ängste und Vorbehalte müssen von den Trainern ernst genommen und thematisiert werden. Es erweist sich als hilfreich, wenn der Trainer exemplarisch aktiv an einem Rollenspiel teilnimmt, um den Jugendlichen den Ablauf zu verdeutlichen und um Ängste zu reduzieren.

In der *Durchführungsphase* wird die soziale Situation von den Beteiligten durchgespielt, wie es die Rollenanweisung vorsieht. Um sich im Perspektivenwechsel zu üben, erfolgt der Rollentausch mit dem Ziel, die Selbst- und Fremdwahrnehmung sowie das Verständnis für den Interaktionspartner zu verbessern.

In der anschließenden Auswertung in der Kleingruppe erfolgt eine Rückmeldung darüber, ob und auf welche Weise das angestrebte angemessene Verhalten realisiert wurde. Da die emotionale Anspannung in dieser Phase besonders hoch ist, sollen zunächst die Rollenspielpartner ihre Gedanken und Gefühle, die sie während des Rollenspiels hatten, äußern.

Zur Schulung der Selbst- und Fremdwahrnehmung und zur Überprüfung, ob das anzustrebende Verhalten gezeigt wurde, schätzen die Akteure zunächst ihr eigenes Verhalten ein. Anschließend erfolgt ein Feedback durch die Gruppenmitglieder und den Trainer (Kapitel 2.5.2). Verhaltensalternativen und -verbesserungen werden durch Wiederholung des Rollenspiels eingeübt.

Im Anschluss an das Rollenspiel erfolgt die *Auswertungsphase* in der gesamten Trainingsgruppe. Hierbei wird die Arbeit am Modul auf verschiedenen Ebenen reflektiert:

- Emotionale Ebene,
- kognitive Ebene,
- Ebene des Transfers.

Während der Rollenspiele können bei den Jugendlichen *Emotionen* unterschiedlicher Art und Intensität auftreten. Diese sind mit einem mehr oder weniger hohen Erregungsniveau verbunden und beeinflussen das Denken und Handeln. Ein zu hohes Erregungsniveau verhindert ein konzentriertes und aufmerksames Arbeiten. Um das Erregungsniveau zu senken und die Aufmerksamkeit wieder herzustellen, wird den Jugendlichen Gelegenheit gegeben, ihre Gefühle, die sie während der Arbeitsphase hatten, zu beschreiben.

Fragen des Trainers im Sinne der *kognitiven Verarbeitung* regen eine Reflexion über das Gelernte an. Erneut wird ein Bezug zu den Inhalten der Arbeitsphase hergestellt, und die Jugendlichen werden angeleitet, über Lerninhalte, neue Erkenntnisse und Verhaltensweisen zu reflektieren.

Eine besondere Bedeutung kommt der Reflexion des *Transfers* zu. Die Jugendlichen werden aufgefordert, die erarbeiteten Lösungsmöglichkeiten auf ihre reale Lebenssituation zu übertragen. Damit soll erreicht werden, dass das neu erworbene Verhalten auch in andere Lebensbereiche (Familie, Freizeit, Schule) übertragen wird (Klippert, 2012; Petermann et al., 2012).

Eine Methode, die in einem engen Zusammenhang mit dem Transfer steht, ist die Verhaltensübung in der Realsituation mit der Anleitung zur Selbstbeobachtung und Verhaltenskontrolle. Die Übung knüpft häufig an das Rollenspiel an, wenn der Teilnehmer angeleitet wird, das im Rollenspiel erprobte Verhalten auch im Alltag anzuwenden. Hierbei wird der Teilnehmer angeleitet, mit Hilfe des Beobachtungsbogens sein Zielverhalten im Alltag zu kontrollieren (Hautzinger, 2013; Kanfer, Reinecker & Schmelzer, 2012; Jugert et al., 2017).

Zum Umgang mit der Videotechnik

Der Trainer gewöhnt die Jugendlichen behutsam und doch bestimmt an die Aufzeichnung ihrer Arbeit mit der Videokamera. Der Trainer begründet dies damit, dass kein Feedback über das eigene Verhalten so wirksam ist wie die direkte audiovisuelle Rückmeldung (Jugert et al., 2017). Zur Angstreduktion und zur Steigerung der Motivation empfiehlt es sich, dass man die Jugendlichen kleine Sequenzen drehen lässt, um sich mit der Kamera vertraut zu machen oder dass sie abwechselnd während des Trainings das Aufnahmegerät führen können.

2.4.2 Verhaltensregeln

Eines der grundlegenden Regeln des FIT FOR LIFE-Trainings ist es, neue, angemessene und prosoziale Verhaltensweisen bei den Jugendlichen aufzubauen. Eine Methode, dieses Ziel zu erreichen, besteht darin, Verhaltensregeln zu entwickeln und ihre Einhaltung zu kontrollieren. Bei der Vereinbarung einer sozialen Regel wird abgesprochen, welches Verhalten in einer Gruppe als angemessen gelten soll. Regeln stellen eine Grundbedingung für ein relativ konfliktfreies Miteinander dar und sind beim Lösen von Konflikten hilfreich. Ein weiterer Vorteil von Verhaltensregeln besteht darin, dass Gruppen, die an einem gemeinsamen Ziel arbeiten, dies leichter und reibungsloser erreichen, wenn sich alle Beteiligten an die vereinbarten Regeln halten. Damit die Regeln von allen akzeptiert werden, sollen sie die Bedürfnisse der gesamten Gruppe widerspiegeln.

Die Regeln werden vom Trainer vorgegeben oder mit den Jugendlichen zusammen erarbeitet. Grundsätzlich ist davon auszugehen, dass Regeln besser akzeptiert werden, wenn die Gruppe an der Entwicklung aktiv beteiligt ist. Dies schafft ein Gefühl von Partizipation und Eigenverantwortung und motiviert damit zur Einhaltung der Regeln.

Zur Entwicklung von Verhaltensregeln gehört die Begründung ihrer Notwendigkeit. Es ist wichtig, sich über die Konsequenzen zu verständigen, die bei der Einhaltung oder bei Verstößen erfolgen sollen. Nach Petermann et al. (2012) zeigen äußere Verstärkungen bei sozialen Kompetenztrainings langfristig keine Erfolge. Vielmehr sollen die Jugendlichen angehalten werden, sich selbst zu verstärken, um die Selbststeuerung und Selbstkontrolle zu fördern. Erlebt der Jugendliche, dass er sein Verhalten selbst steuern kann, nimmt das Gefühl der Selbstwirksamkeit zu und seine soziale Kompetenz wird erhöht (Kapitel 2.1.2)

Bei den Verhaltensregeln unterscheidet man zwischen Gruppenregeln und persönlichen Regeln. Während Gruppenregeln verbindlich für die gesamte Gruppe sind, beziehen sich die persönlichen Regeln auf den Einzelnen.

Persönliche Regeln setzen an Verhaltensweisen an, die konträr zu sozial kompetentem Verhalten sind und die diese Person verändern will. Persönliche Regeln werden konkret über folgende Fragen an die Teilnehmer entwickelt:

- Was ärgert dich an deinem Verhalten in der Gruppe am meisten?
- Welches persönliche Verhalten hat dir bisher in der Gruppe am meisten geschadet?
- Zeigst du Verhaltensweisen in der Gruppe, die du ändern möchtest?

Ist eine persönliche Regel erarbeitet, wird diese schriftlich festgehalten und regelmäßig am Ende einer Trainingseinheit vom Trainer und vom Teilnehmer auf ihre Einhaltung hin überprüft. Bei der Formulierung der persönlichen Regel wird auf folgende Merkmale geachtet:

- Die Regel wird, wenn irgend möglich, positiv formuliert.
- Die Regel bezieht sich auf ein beobachtbares Verhalten.
- Die Regel ist einfach und verständlich formuliert.
- Die Regel ist leicht umsetzbar.
- Die Zeit für die Einübung der Regel wird begrenzt.

Gruppenregeln können vom Trainer vorgegeben werden oder mit der Gruppe zusammen erarbeitet werden. Sie weisen die gleichen Merkmale auf wie die persönlichen Regeln.

In der ersten Zeit eines Trainings sollte der Trainer die passenden Verhaltensregeln selbst bestimmen, der Gruppe vorgeben und sie begründen. Bei der Vorgabe einer Gruppenregel orientiert sich der Trainer an Verhaltensweisen der Gruppe, die ein erfolgreiches Arbeiten im Training erschweren. Zu den erschwerenden Verhaltensweisen können zum Beispiel wiederholtes Zuspätkommen, gegenseitiges Stören, Passivität oder Herumlaufen gehören. Es besteht auch die Möglichkeit, eine Gruppenregel gemeinsam mit den Teilnehmern zu erarbeiten. Sie werden aufgefordert, alle Regeln zu nennen, die ihnen für den erfolgreichen Ablauf des Trainings wichtig und sinnvoll erscheinen. Dann kann die Entscheidung für jeweils ein bis zwei Regeln über eine Prioritätenliste erfolgen. Mehr als zwei Regeln gleichzeitig können nicht mehr ausreichend überprüft werden. Wird die Regel nach einiger Zeit in der

Gruppe eingehalten, kann auf die nächste Regel in der Prioritätenliste übergegangen werden.

In der Abschlussphase einer Trainingssitzung wird regelmäßig die Selbst- und Fremdeinschätzung über die Einhaltung der Regel mit differenziertem und konstruktivem Feedback vorgenommen. Eine genaue Anweisung zum Umgang mit Verhaltensregeln findet sich in Jugert et al. (2017).

2.4.3 Trainingsrituale

Am Anfang jeder Trainingssitzung werden die Teilnehmer nach ihrer aktuellen Stimmung gefragt. Dabei lernen die Jugendlichen, ihre Gefühle wahrzunehmen und auf angemessene Weise zu verbalisieren. Zunächst beschreibt der Trainer sein Befinden, damit wird Modellverhalten demonstriert. Die Jugendlichen machen die Erfahrung, dass ihr Befinden akzeptiert und ernst genommen wird. Wenn hierbei ein ernstes Problem geäußert wird, gibt der Trainer dem ausreichend Raum, damit es den späteren Verlauf der Stunde nicht erschwert oder gar stört (Petermann et al., 2012).

Die Abfrage der Stimmung erfolgt mit *Signalkarten*, die aus farbigem Tonpapier hergestellt werden können. Die Signalkarten finden auch an anderen Stellen im Sitzungsverlauf Verwendung, zum Beispiel zur Bewertung einzelner Arbeitsschritte, des Regelverhaltens oder in der Abschlussrunde.

- ROT bedeutet: mir geht es nicht gut,
- GELB bedeutet: mir geht es mittelmäßig,
- GRÜN bedeutet; mir geht es gut.

2.4.4 Konzentrationsübungen

Sie dienen der Erhöhung der Aufmerksamkeit und der Steigerung der geistigen und motivationalen Aufnahmebereitschaft. Eine gute Aufmerksamkeit begünstigt eine differenzierte Wahrnehmung der Umwelt, wodurch Affekte und Emotionen kontrollierter und reflektierter geäußert werden.

Im Training FIT FOR LIFE wird die progressive Muskelentspannung nach Jacobson vorgeschlagen, da sie die Aufmerksamkeit und Konzentration fördert und durch ihre aktiven Elemente für Jugendliche besonders geeignet ist (Hainbuch, 2015). Auch das direkte sensu-motorische Erleben beim Wechsel von Anspannung und Entspannung erleichtert den Übungseffekt. Langfristig lernen die Jugendlichen, Anspannung im Körper rechtzeitig wahrzunehmen und die Entspannungstechniken einzusetzen. Eine für Jugendliche angepasste Modifikation findet sich in Jugert et al. (2017).

2.4.5 Aufbau einer Trainingssitzung

Für die Jugendlichen ist eine feste und transparente Struktur der Trainingssitzungen hilfreich, da viele Schwierigkeiten haben, eine Aufgabe selbst zu strukturieren und Schritt für Schritt zu bearbeiten. Struktur fördert Verhaltenssicherheit und Vertrauen. Sie sorgt für Überschaubarkeit und Nachvollziehbarkeit. Die Jugendlichen erlangen auf diese Weise Kontrolle über den Ablauf, wodurch sie sich besser auf die Inhalte konzentrieren können.
Alle Trainingssitzungen sind entsprechend der im Folgenden beschriebenen Struktur aufgebaut.

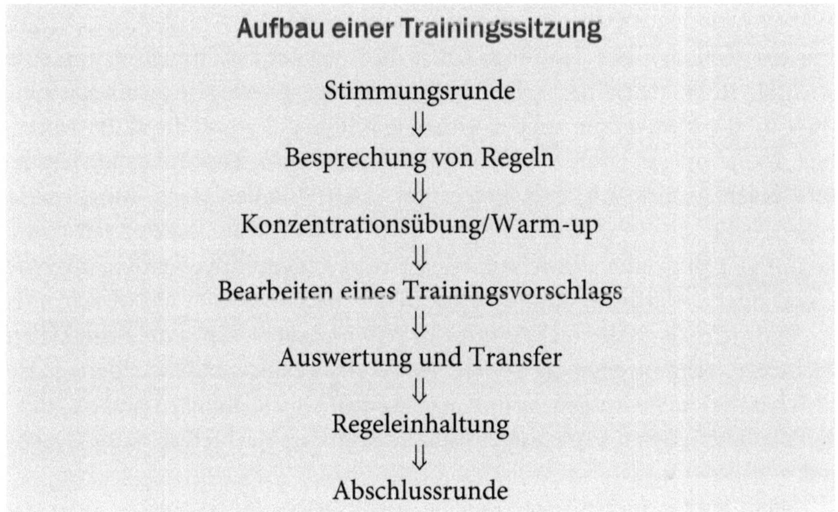

2.4.6 Kleingruppe

Das FIT FOR LIFE –Training ist als Kleingruppentraining konzipiert, da auf diese Weise die Lernziele effektiver erreicht werden. Eine Trainingsgruppe soll mindestens aus sechs, höchstens acht Jugendlichen bestehen. Eine solche Gruppe bietet den Vorteil, dass sich relativ schnell eine vertrauensvolle Atmosphäre unter den Jugendlichen und mit dem Trainer entwickeln kann. Außerdem steht so jedem Jugendlichen genügend Zeit zur Verfügung, engagiert bei den arbeitsintensiven Übungen mitzumachen, Rückmeldungen zu bekommen und sich an der Auswertung zu beteiligen. Der Trainer kann auf die individuellen Probleme des Einzelnen eingehen. Dies ist unverzichtbar, da das Training nur wirksam ist, wenn die Jugendlichen sich aktiv einlassen und genügend Feedback erhalten.

Ein weiterer Vorteil der Kleingruppe liegt in der leichteren Moderation (Decker, 1988), wodurch eventuelle Disziplinprobleme, welche die Atmosphäre beeinträchtigen können, kaum auftreten. Andererseits soll die Gruppe auch nicht zu klein sein, da sonst die Auswahl von Modellen zu gering ausfällt, und das Diskriminierungslernen eingeschränkt wird (Petermann & Petermann, 2010). Bei zu kleinen Gruppen ist der Austausch im Gespräch eingeschränkt, was den Diskussionsfluss und die aktive Teilnahme hemmen kann.

2.4.7 Gruppenzusammensetzung

Für das Gelingen des Trainings spielt die Gruppenzusammensetzung eine wichtige Rolle, da sie das Arbeitsklima mitprägt. Dieses wiederum hat Einfluss auf die Motivation, auf den Umgang miteinander und die aktive Mitarbeit. Daher soll der Trainer bei der Zusammenstellung einige Aspekte beachten. Nach Petermann und Petermann (2010) sollen nach Möglichkeit Jugendliche, die vergleichbare Lern- und Leistungsvoraussetzungen sowie kognitive Fähigkeiten aufweisen, einer Gruppe zugeordnet werden, um eine Über- oder Unterforderung zu vermeiden.

In der Praxis ist das nicht immer zu verwirklichen. Wenn die Fähigkeiten nicht allzu sehr auseinander klaffen, der Trainer zugleich Mittel überlegt, sie durch individuelle Aufgaben- und gegenseitige Hilfestellung zu nutzen, müssen die heterogenen Voraussetzungen kein großer Nachteil sein; im Gegenteil.

Nicht eindeutig kann die Frage beantwortet werden, ob gleich- oder gemischtgeschlechtliche Gruppen von Vorteil sind. Die Erfahrung mit gemischtgeschlechtlich zusammengesetzten Trainingsgruppen hat gezeigt, dass Jungen und Mädchen zu vielen Fragen unterschiedliche Standpunkte vertreten und dadurch lebhafte und fruchtbare Diskussionen entstehen.

Probleme können sich entwickeln, wenn einzelne Jugendlichen das Training boykottieren. Die Trainer sollten in diesem Fall die Zusammensetzung der Gruppe überdenken und die Gruppen eventuell anders zusammensetzen, weil sonst die Zielerreichung des Trainings in Frage gestellt ist.

2.5 Basisverhalten des Trainers

Die erfolgreiche Durchführung des Trainings hängt in hohem Maße von dem Verhalten des Trainers ab. Er muss sich mit den Zielen, Methoden und Inhalten auseinander gesetzt haben, diese beherrschen und von dem Konzept überzeugt sein. Jede Trainingsstunde erfordert eine intensive Vorbereitung, die langfristig nur dann geleistet werden kann, wenn der Trainer motiviert ist und Freude an der Durchführung hat.

In gleichem Maß ist es erforderlich, dass die Jugendlichen für das Training motiviert werden. Das bedeutet insbesondere, dass der Trainer die Jugendlichen zur Kooperation bewegt. Nur die Jugendlichen, die am Training aktiv teilnehmen, können gezielt verstärkt werden. Sie können sich in der Folge Selbstverstärkung geben und sich auf diese Weise für das Training motivieren. Soll sich kooperatives Verhalten bei den Jugendlichen entwickeln, ist es notwendig, Vertrauen zwischen den Teilnehmern und dem Trainer aufzubauen.

Der Trainer weiß, dass er im Sinne der sozial-kognitiven Lerntheorie (Bandura, 1986) ein Modell für sozial kompetentes Verhalten darstellt, im Training und außerhalb. Erleben die Jugendlichen den Trainer außerhalb des Trainings verändert oder sogar negativ, wird sich dies auf den Erfolg des Trainings negativ auswirken. Es sollte ein authentisches, sozial kompetentes Verhalten des Trainers innerhalb und außerhalb des Trainings angestrebt werden. Für den Aufbau von Vertrauen und Motivation gibt es grundlegende Verhaltensempfehlungen für die Trainer. Diese werden im Kapitel 2.5.1 dargestellt. Im Anschluss daran wird die Kompetenz des Trainers, Feedback zu geben und anzunehmen, beschrieben (Kapitel 2.5.2).

2.5.1 Vertrauensaufbau und Motivierung

Beim Aufbau von Vertrauen handelt es sich um einen Prozess, der je nach Gruppenzusammensetzung und Erfahrung der einzelnen Jugendlichen unterschiedlich viel Zeit in Anspruch nehmen kann.

Gelingt es dem Trainer, Vertrauen aufzubauen, fällt es den Jugendlichen leichter, kooperatives Verhalten zu zeigen. Dies wiederum bildet die Voraussetzung für die Motivierung. Für den Trainer stellt sich also die Aufgabe, eine vertrauensvolle Beziehung der Teilnehmer untereinander herzustellen und eine kooperative Arbeitsbeziehung aufzubauen. Um dies zu erreichen, ist es notwendig, selbst Kompetenz und Glaubwürdigkeit zu vermitteln (Linehan, 1996). Den Jugendlichen wird verdeutlicht, dass das angebotene Training FIT FOR LIFE für ihre individuelle Entwicklung hilfreich ist. Dies ist keine einfache Aufgabe, vor allem für solche Jugendlichen, die bereits an Fördermaßnahmen gescheitert sind und nur wenig Hoffnung für ihre Zukunft haben.

Das benötigte Vertrauen kann auf unterschiedliche Weise aufgebaut werden. Inhaltliche Kompetenz, Professionalität, Selbstvertrauen, Sprachstil und die Vorbereitung der Trainingssitzungen spielen eine ebenso große Rolle wie die Gestaltung des Raumes und die Vorbereitung und Auswahl des Arbeitsmaterials. Die folgenden Merkmale stellen Verhaltensempfehlungen dar, die für den Vertrauensaufbau förderlich sind: Das Training soll klar, transparent und direkt beschrieben werden. Hier bietet es sich an, den Jugendlichen von erfolgreichen Trainings zu berichten, um deutlich zu machen, welche Vorteile ein soziales Kompetenztraining mit sich bringen kann. Das Handeln der Trainer sollte gut strukturiert und für die Jugendlichen durchschaubar sein, da unkalkulierbares Handeln zu Verunsicherungen führt. Außerdem ist es wichtig, den Jugendlichen ein zugewandtes Verhalten in Form von Offenheit und Freundlichkeit zu zeigen. Jugendliche brauchen zuversichtliche Bemerkungen, die sie positiv stimmen und motivieren. Die Jugendlichen sollen in den Trainingsverlauf aktiv eingebunden werden, indem sie nach Vorlieben und Interessen befragt werden. Sollten Störungen in Form von Streit und Unstimmigkeiten untereinander, mangelnde Mitarbeit oder Unruhe auftreten, werden diese vorrangig thematisiert, um das Problem zu lösen. Der Trainer verhält sich unterstützend und vermittelnd, nimmt eine neutrale Position ein und unterscheidet zwischen Sachebene und beteiligten Personen. Die Ursachen von Fehl- und Rückschlägen werden geklärt, und es werden konstruktive Verbesserungsvorschläge erarbeitet. Der Trainer versäumt es nicht, zu loben, Freude zu zeigen, aber auch berechtigten Ärger adäquat und konstruktiv auszudrücken, um in seinem Verhalten authentisch zu bleiben. Auch kleine Entwicklungsschritte werden beachtet und gewürdigt.

Vertrauensaufbau
(nach Petermann, 2013a)

- Das Training klar, transparent und direkt beschreiben.
- Das eigene Handeln strukturieren.
- Durchschaubar handeln.
- Den Jugendlichen gegenüber zugewandtes Verhalten zeigen.
- Zuversichtliche Bemerkungen an die Jugendlichen richten.
- Die Jugendlichen direkt ansprechen und fragen.
- Störungen vorrangig behandeln.
- In kritischen Situationen unterstützen und vermitteln.
- Fehlschläge und Rückschläge klären und entschärfen.
- Freude zeigen, loben, aber auch berechtigten Ärger ausdrücken.
- Auch kleine Entwicklungsschritte beachten und würdigen.

Im Folgenden werden Verhaltensweisen aufgeführt, die als Leitfaden zur Motivierung zu verstehen sind. Hierzu gehört es, die Jugendlichen als eigenständige Personen zu akzeptieren. Erfahren die Jugendlichen von dem Trainer Interesse an ihrer Person und ihren Problemen und werden ihre Äußerungen vertraulich behandelt, sind sie eher motiviert, an dem Training aktiv teilzunehmen.

Leitfaden zur Motivierung

- Die Jugendlichen als Person akzeptieren.
- Mitbestimmung gewähren, um Eigeninitiative zu fördern.
- Gezielte Übertragung von Verantwortung.
- Zuverlässig handeln.
- Anforderungen stellen, die zu bewältigen sind.
- Gezielte Rückmeldungen geben.
- Interesse an der Person und ihren Problemen zeigen.
- Informationen der Jugendlichen vertraulich behandeln.
- Den Entwicklungsstand der Jugendlichen berücksichtigen.
- Mit ihnen neue Perspektiven entwickeln.
- Lob und Unterstützung gezielt einsetzen.

Um über Eigeninitiative die Motivation zu fördern, wird den Jugendlichen eine Mitbestimmung eingeräumt. Dies kann sich auf die Gestaltung einzelner Stunden, aber auch auf das Einbringen eigener Themen beziehen, die für die Gruppe von besonderem Interesse sind. Die Übertragung von Verantwortung fördert Motivation, Vertrauen und Kooperation (Petermann, 2013a). Der Trainer achtet darauf, durchschaubar und zuverlässig zu handeln. Die Aufgaben sollten von den Jugendlichen zu bewältigen sein, damit sie Erfolge erzielen. Diese tragen langfristig zur Stabilisierung des Selbstvertrauens und der Selbstwirksamkeit bei. Zudem ist eine differenzierte und gezielte Rückmeldung im Sinne der Feedbackregeln notwendig, um den Jugendlichen eine Orientierung über ihr Verhalten zu geben.

Ebenso wichtig ist es, den Entwicklungsstand der Jugendlichen zu berücksichtigen, damit keine Über- oder Unterforderung entsteht, was hilft, den Jugendlichen eine gemeinsame Perspektive zu geben und sie zu unterstützen.

2.5.2 Feedback

Der Begriff „Feedback" stammt aus der Kybernetik und bezeichnet die Lehre von den Regelungsprozessen. Innerhalb des Verhaltenstrainings FIT FOR LIFE hat die Rückmeldung zum Verhalten eine besondere Bedeutung. Feedback hilft bei der Selbsteinschätzung und reguliert das Verhalten. Speziell im Bereich der Verhaltensmodifikation werden unerwünschte Verhaltensweisen analysiert und durch konstruktive Verhaltensvorschläge korrigiert oder ersetzt. Positives Feedback wie Lob und anerkennende Worte und Gesten, unterstützen die Lernmotivation.

Durch Feedbackprozesse wird die Selbst- und Fremdwahrnehmung geschult sowie Unterschiede zwischen der Selbst- und Fremdwahrnehmung werden deutlich. So lernt die Person, die Feedback erhält, sich besser einzuschätzen. Um angemessenes Feedback geben und annehmen zu können, sind besondere Fertigkeiten notwendig, die im Folgenden dargestellt werden.

Feedback geben

Die Person, die Feedback gibt, spricht in der Ich-Form und beschreibt dabei ihre Gefühle und Bedürfnisse. Die Aussage beansprucht also keine Allgemeingültigkeit und kann so vom Gegenüber leichter angenommen werden. Um die Akzeptanz zu fördern, Fehlinterpretationen und Konflikte zu vermeiden, wird das Verhalten lediglich beschrieben, aber nicht interpretiert. Eine Interpretation ist oft wertend, während bei einer Beschreibung mitgeteilt wird, um welches Verhalten es sich genau handelt.

Feedback geben

- In der Ich-Form sprechen; eigene Gefühle und Bedürfnisse ausdrücken.
- Das Verhalten beschreiben und nicht interpretieren; Bewertungen vermeiden.
- Sich auf konkrete und aktuelle Situationen beziehen.
- Nur Verhaltensweisen ansprechen, die zu beeinflussen sind.
- Kritisches und negatives Feedback konstruktiv ausdrücken: durch Wünsche und Verbesserungsvorschläge.
- Die eigene Beobachtung durch andere überprüfen lassen.
- Die Möglichkeit eines Irrtums einräumen.
- Feedback möglichst direkt nach dem Verhalten geben: je schneller, desto wirksamer.
- Am Ende des Feedbacks die Befindlichkeit der Teilnehmer erfragen.

Wenn ein Feedback gegeben wird, soll es sich auf eine konkrete und aktuelle Situation beziehen und nicht auf allgemeines oder weit zurück liegendes Verhalten. So ist es dem Empfänger möglich, das Feedback nachzuvollziehen und sein Verhalten zu reflektieren oder zu ändern. Es sollten nur solche Verhaltensweisen angesprochen werden, die auch beeinflussbar sind. Ist ein Verhalten unsozial oder negativ, sollte das Feedback erst recht in konstruktiver Weise gegeben werden und zwar in Form von Verbesserungsvorschlägen, Wünschen oder Bedürfnissen. Der Feedbackgeber kann seine Aussagen durch andere überprüfen lassen, um eigene Irrtümer auszuschließen.

Ein Feedback ist umso wirkungsvoller, je schneller und differenzierter es nach dem Verhalten gezeigt wird. Diese Gesetzmäßigkeiten sind aus der sozial-kognitiven Lerntheorie abgeleitet. Am Ende des Feedbacks wird die Befindlichkeit erfragt. Das eröffnet die Möglichkeit, Missverständnisse zu klären und Rechtfertigungen und Reaktanzen abzubauen.

Der Empfänger lernt, das Feedback als soziale Unterstützung und als Chance für seine persönliche Weiterentwicklung zu betrachten. Die Rückmeldung über ein Verhalten gibt immer einen persönlichen Eindruck wieder, der nicht als richtig oder falsch bezeichnet werden kann, sondern von der subjektiven Wahrnehmung und Interpretation abhängig ist. Neben der Wiedergabe des persönlichen Eindrucks werden gleichzeitig Informationen über die eigene Person gegeben. Es werden dadurch Einstellungen, Sichtweisen und Meinungen deutlich (Fengler, 2009).

Feedback entgegennehmen

Viele Jugendlichen haben häufig negative Rückmeldungen über ihr Verhalten und ihre Person erfahren. Umso wichtiger ist es für sie, Regeln kennen zu lernen, die sie in die Lage versetzen, ein Feedback entgegen zu nehmen. Diese Regeln unterstützen die Bereitschaft, ein Feedback anzunehmen und es damit als Chance für die persönliche Weiterentwicklung zu nutzen. Um alle wichtigen Informationen zu erhalten, ist es erforderlich, dem, der das Feedback gibt, bis zum Schluss zuzuhören und nachzufragen, wenn Unklarheiten entstehen. Der Empfänger soll nicht argumentieren und sich verteidigen, da dies lediglich zum Austausch von unterschiedlichen Standpunkten führt und nicht gewinnbringend für den Feedbackempfänger ist. Außerdem ist es für die Person, die Feedback erhält, wichtig, am Schluss die eigenen Gefühle und Bedürfnisse äußern zu können. Beide Personen sollen in der Ich-Form sprechen, da diese eine subjektive Meinung ausdrückt und weniger Abwehr erzeugt (vgl. Unterrichtseinheit „Konflikte“).

Feedback entgegennehmen

- Das Feedback als Chance zur eigenen Entwicklung werten.
- Bis zum Schluss zuhören.
- Das Gesagte stehen lassen und sich nicht verteidigen.
- Zum besseren Verständnis nachfragen.
- Gefühle und Bedürfnisse äußern.
- In der Ich-Form sprechen.

Da sich die Jugendlichen im Verhaltenstraining auch gegenseitig Feedback geben, ist es sinnvoll, ihnen die wichtigsten Feedbackregeln zu vermitteln. Im Folgenden geben wir ein Beispiel.

Feedbackregeln für die jugendlichen Teilnehmer

- Klar und genau beschreiben, was einem gefallen hat.
- Kritik in Form von Verbesserungsvorschlägen ausdrücken.
- In der Ich-Form sprechen (z.B. „Ich kann den Krach nicht länger aushalten.").

2.6 Die Module

Das Trainingsprogramm FIT FOR LIFE setzt sich aus 15 thematisch unterschiedlichen Modulen zusammen, deren Ziele und Übungsvorschläge hier zusammenfassend dargestellt werden. Danach wird in Kapitel 2.7. das Modul „Kooperation und Teamfähigkeit" aus dem Manual (Jugert et al., 2017) exemplarisch wiedergegeben.

Jedes Modul ist auf einen Fähigkeits- und Kompetenzbereich bezogen und folgendermaßen aufgebaut:

- Titelblatt mit Cartoon
- Begriffsklärung mit Literaturhinweisen
- Ziele des Moduls
- Drei Trainingsvorschläge
- Arbeitsblätter mit Cartoons und anderen Materialien
- Übungsanleitung
- Auswertung

2.6.1 Modul: Motivation

Die Jugendlichen entwickeln Interesse für das Training FIT FOR LIFE, da sie erkennen, dass sie dadurch wichtige Kompetenzen für ihre berufliche und private Entwicklung erwerben können. Sie nehmen außerdem ihre eigenen Kompetenzen und Ressourcen wahr und lernen sie zu nutzen. Sie machen die Erfahrung, dass sie ihre beruflichen Ziele besser erreichen können, indem sie Teilziele anstreben.

Vorschlag 1: Mein Motivationsmuster

Arbeitsblatt 1: Mein Motivationsmuster

Der Trainer führt die Teilnehmer zu Fragen wie „Was tue ich gern?", „Was interessiert mich?", „Was kann ich gut?" ein Brainstorming durch. Mit Hilfe des Arbeitsblattes werden die Jugendlichen gebeten, ihre Aktivitäten, Interessen und Fähigkeiten aufzuschreiben. Sie stellen danach den anderen ihr Motivationsmuster vor. Nach jeder Vorstellung erhält der Teilnehmer von den anderen faires und konstruktives Feedback.

Vorschlag 2: Meine Berufslinie

Der Trainer führt umsichtig und aufmerksam in die Übung Berufslinie ein: Die Teilnehmer formulieren ihr Berufsziel, beschriften die Kärtchen mit Teilzielen wie Schulabschluss Haupt- oder Oberschule, die gewünschte Ausbildung, weitere Schulabschlüsse sowie das Berufsziel. Sie legen die Kärtchen in einer Linie von der aktuellen Situation bis zum Ziel. Der Trainer ist im Folgenden der Anleiter und Moderator. Bei den Teilzielen stoppt der Trainer und gratuliert den Teilnehmern, d.h. er interviewt den Teilnehmer so, als habe er dieses Ziel nun tatsächlich erreicht. Wie fühlt er sich nun? Ist der Teilnehmer schließlich erfreut an seinem endgültigen Berufsziel angekommen, dreht er sich um und blickt auf seine Laufbahn zurück. Der Trainer stellt die letzten Fragen an den Teilnehmer: Was hat eine wichtige Rolle dabei gespielt, dass du das Ziel erreicht hast? Was hat dir geholfen, es zu erreichen?

Vorschlag 3: Ungeliebte Arbeit

Arbeitsblatt 2: Ich motiviere mich selbst

Der Trainer beschreibt, was jeder kennt, nämlich dass es in Schule, Beruf und Privatleben eine Menge langweiliger Tätigkeiten gibt. Die Jugendlichen sollen nun an einem „kleinen" Experiment teilnehmen. Sie suchen anhand des Arbeitsblattes eine langweilige Tätigkeit heraus und überlegen, wodurch sie diese Tätigkeit zügiger und mit mehr Spaß ausführen können. Der Trainer gibt den Jugendlichen Hinweise, was sie vor Beginn der Tätigkeit überlegen können: Sie können den Trainer und die Mit-Teilnehmer befragen, wie sie die Tätigkeit zügig ausführen würden. Der Trainer könnte den Tipp geben, während der Arbeit immer wieder daran zu denken, was man für eine Tätigkeit ausübt. In fast allen Fällen haben die Teilnehmer die Tätigkeit in einer kürzeren Zeit beendet und vielfach Spaß dabei gehabt.

2.6.2 Modul: Feedback

Die Teilnehmer lernen die Bedeutung des Feedbacks für ihre Selbsteinschätzung kennen. Besonders effektiv ist das Feedback für die Verhaltensmodifikation. Unerwünschte Verhaltensweisen werden reflektiert und durch konstruktive Verhaltensvorschläge ersetzt. Der Jugendliche erfährt nicht nur vom Trainer Feedback, sondern auch die Teilnehmer geben sich wechselseitig Rückmeldungen über ihr Verhalten.

Vorschlag 1: Grundfertigkeiten des Feedbacks

Arbeitsblatt 3: Feedbackstern

Arbeitsblatt 4: Feedback geben und bekommen

Nach einem Brainstorming anhand des Titelbildes des Moduls fragt der Trainer die Teilnehmer, welche Erfahrungen sie mit verschiedenen Feedbacks gemacht haben. Dann füllen die Teilnehmer Arbeitsblatt 3 aus. Das Ergebnis wird an der Tafel festgehalten. Zweierteams geben sich gegenseitig positives Feedback. Mit dem Trainer zusammen wird alles ausgewertet.

Vorschlag 2: Schritte zum Feedback

Arbeitsblatt 5: Schritte zum Feedback

Nach einer szenischen Darstellung des Trainers mit einigen Teilnehmern zu angemessenem und unangemessenem Feedback werden die Jugendlichen aufgefordert, sich zu den Unterschieden zu äußern. Das konstruktive Feedback wird erarbeitet und mit Hilfe des Arbeitsblattes 5 in Partner-Teams geübt. Danach folgt die Auswertung.

Vorschlag 3: Alles auf einmal

Arbeitsblatt 6: Feedback geben

Arbeitsblatt 7: Feedback bekommen

Der Trainer sammelt mit den Jugendlichen zu Beginn der Stunde 15 Adjektive und schreibt sie an die Tafel. In Kleingruppen verfassen die Jugendlichen eine kurze Geschichte, in der alle diese Adjektive vorkommen. Anhand der Arbeitsblätter 6 und 7 werden die Feinheiten des Feedbacks behandelt. Je zwei Teilnehmer geben sich Feedback über ihr Verhalten während der Erarbeitung der Geschichte. Die Rollen zwischen Feedbackgeber und Feedbacknehmer werden gewechselt.

2.6.3 Modul: Selbstsicherheit

Ziele: Während des Trainings gewinnen die Jugendlichen im Umgang mit anderen Menschen Selbstsicherheit. Es ist hilfreich, sich gut auf eine bevorstehende Situation, die man zu meistern hat, vorzubereiten. Die Jugendlichen gewinnen Sicherheit, mit wenig bekannten Personen Kontakt aufzunehmen und auch andere Situationen selbstsicher zu bewältigen.

Vorschlag 1: Schritte zur Selbstsicherheit

Arbeitsblatt 8: „Wie selbstsicher bin ich?"

Nach einem Brainstorming zu dem Begriff „Selbstsicherheit" füllen die Teilnehmer das Arbeitsblatt 8, ein Fragebogen zur „Selbstsicherheit" aus. Dieser wird ausgewertet. Die Teilnehmer lernen, dass die Selbstsicherheit von der Situation abhängig ist, und dass sie verbessert werden kann. Sie erhalten folgende Aufgabe: Sie sollen einen Vortrag von 3 Minuten Dauer halten, auf den sie sich vorbereiten können. Der Trainer gibt dazu ein paar Tipps. Nach den Vorträgen erhalten die jeweiligen Jugendlichen von den anderen und vom Trainer konstruktives Feedback.

Vorschlag 2: Ich kann, wenn ich will!

Arbeitsblatt 8: „Wie selbstsicher bin ich?"

Zu Beginn reflektiert der Trainer mit den Jugendlichen die Abhängigkeit der Einstufungen ihrer Selbstsicherheit (Arbeitsblatt 8) von den jeweiligen Situationen. Der Trainer kündigt eine Übung an, in der die Teilnehmer eine Situation wählen sollen, in der sie sich unsicher gefühlt haben. Er erklärt, dass sie nun einen Weg kennen lernen, ihre Unsicherheit zu verringern. Es handelt sich um eine Art mentales Training, bei dem man sich vorstellt, sich in der gegebenen Situation sozial kompetent zu verhalten. Die Teilnehmer setzen sich entspannt hin und der Trainer leitet diese Vorstellungsübung an. Anschließend beschreiben die Teilnehmer, wie sicher oder unsicher sie sich in der vorgestellten Situation gefühlt haben. Diese Erfahrungen werden besprochen.

Vorschlag 3: Das geschulte Auge

Der Trainer fragt nach Situationen, die für die Teilnehmer schwierig sind. Mehrere Kleingruppen spielen die Situationen im Rollenspiel zuerst mit sicherem, danach mit unsicherem Verhalten durch. Anschließend präsentieren sie diese Rollenspiele vor allen Teilnehmern. Videoaufzeichnungen der

Präsentationen der unsicheren Situationen machen es möglich, das Feedback zu dem unsicheren Verhalten zu objektivieren. Danach wird die selbstsichere Variante gespielt und in gleicher Weise mit Feedback und Videoaufzeichnung ausgewertet.

2.6.4 Modul: Selbstmanagement

Die Jugendlichen setzen sich mit ihrer eigenen Lebensführung, besonders mit ihren gesundheitsfördernden und gesundheitsschädigenden Verhaltensweisen, auseinander. Sie erfahren, dass sie ihre körperliche und psychische Gesundheit aktiv beeinflussen können. Sie setzen sich mit ihrem Stressverhalten auseinander, lernen Verbesserungen kennen und prüfen ihre Grundüberzeugungen, um sie durch neue zu ersetzen, die das körperliche und seelische Wohlbefinden verbessern.

Vorschlag 1: Mein Gesundheitsstern

Arbeitsblatt 9: Gesundheitsstern

Arbeitsblatt 10: Den inneren Schweinehund überwinden

Nach einem Brainstorming über gesunde Lebensführung bewerten die Teilnehmer ihr Gesundheitsverhalten anhand des Arbeitsblattes 9. Sie suchen sich einen Aspekt heraus, bei dem sie sich verbessern wollen. In einer Partnerübung besprechen sie die eigenen Bewertungen und Verbesserungsmöglichkeiten in ihrem Gesundheitsverhalten. Sie diskutieren die Ziele mit ihrem Übungspartner (Arbeitsblatt 10), helfen sich gegenseitig und geben sich Feedback. Die Fortschritte können nach einigen Wochen anhand des ausgefüllten Arbeitsblattes 10 mit dem Trainer besprochen werden.

Vorschlag 2: Meinen Stress abbauen

Arbeitsblatt 11: Meinen Stress abbauen

Der Trainer definiert den Begriff „Stress“ anhand einiger konkreter Beispiele der Teilnehmer. Ständiger Stress kann schließlich zu körperlichen und psychischen Erkrankungen führen. Gemeinsam werden Stresssymptome gesammelt. Ein 4-Schritte-Schema zeigt einen Weg zum Stressabbau. Die Jugendlichen setzen sich zu zweit zusammen. Sie füllen das 4-Schritte-Schema mit eigenen Erlebnissen aus. Die Sammlung wird gemeinsam ergänzt, korrigiert und eventuell szenisch dargestellt.

Vorschlag 3: Ich reguliere mich selbst

Arbeitsblatt 12: Gedanken, Gefühle, Medikamente

Arbeitsblatt 13: Rollenspiele von A – F

Arbeitsblatt 14: Selbstregulierung

Arbeitsblatt 15: Unsere Selbstregulierung

Nach der Einführung des Begriffs „Selbstregulierung" oder „Selbstmanagement" und der Bearbeitung von Arbeitsblatt 12 gewinnen die Teilnehmer eine Vorstellung von „Selbstregulierung". Mit Hilfe des grauen Kastens erhalten die Jugendlichen eine Beschreibung der vier Schritte der Selbstregulierung. Zur Lockerung und Vorbereitung auf das Hauptexperiment wird mit Hilfe des Arbeitsblattes 12 in Halbgruppen ein Rollenspiel durchgeführt. Anhand von Arbeitsblatt 13, 14 und 15 führt der Trainer das Selbstregulierungsexperiment im Rollenspiel durch.

2.6.5 Modul: Kommunikation

Der Trainer erklärt, dass wir alle sowohl mit Worten als auch mit unserer Körpersprache kommunizieren. Da auch gutes Zuhören zur Kommunikation gehört, führt der Trainer einen kleinen Kurs mit den Teilnehmern durch, in dem gutes Zuhören geübt wird. Die Teilnehmer nehmen ihren eigenen Kommunikationsstil und ihre subjektiven Bewertungen wahr. Sie lernen, Missverständnissen und Irrtümern durch klare und ausreichende Information vorzubeugen.

Vorschlag 1: Das Brötchenspiel

Der Trainer spielt einen Marsmenschen, ein Teilnehmer einen Erdmenschen. Der Marsmensch weiß nicht, wie er mit dem Essen, das ihm der Erdmensch vorgelegt hat, umgehen soll. Der Erdmensch gibt ihm rein verbale Anweisungen, die natürlich zu Missverständnissen und Fehlinterpretationen führen. In der anschließenden Diskussion mit den Teilnehmern kann auch auf mögliche Missverständnisse in der interkulturellen Kommunikation hingewiesen werden.

Vorschlag 2: Das schrumpfende Bild

Es handelt sich um ein „kleines" Experiment, in dem alle Teilnehmer bis auf zwei aus dem Raum gebeten werden. Die beiden, die im Raum bleiben, sind die „Beobachter“. Im Zentrum steht ein Bild, das möglichst viele Details enthält. Der erste Teilnehmer von draußen schaut sich das Bild eine Minute lang an. Das Bild wird verdeckt. Jetzt beschreibt dieser erste Teilnehmer dem zweiten, der hereingerufen wird, das Bild so genau wie möglich mit seinen Worten. So erhält einer nach dem anderen von dem jeweiligen Vorgänger eine Bildbeschreibung. Die „Beobachter“ notieren sich alle Veränderungen, denen die Bildbeschreibungen unterliegen. Auswertungsfragen des Trainers am Ende der Übung: Was geschieht mit den Inhalten der Kommunikation, wenn sie von einem zum anderen weitergegeben werden? Kennt Ihr solche Vorgänge im Alltag?

Vorschlag 3: Gutes Zuhören

Arbeitsblatt 16: Gesprächsthemen

Arbeitsblatt 17: Gutes und schlechtes Zuhören

Während eines Gesprächs zwischen einem Teilnehmer und dem Trainer führt der Trainer alle Merkmale schlechten Zuhörens aus. Diese Merkmale und die Empfindungen des jeweiligen Sprechenden werden an der Tafel festgehalten. Danach folgt ein Gespräch mit gutem Zuhören. Es folgt eine Reihe von Übungen zum guten und schlechten Zuhören mit verschiedenen Teilnehmern und Rollenwechsel. Die Auswertung unter Beachtung der Feedbackregeln schließt sich an.

2.6.6 Modul: Körpersprache

Die Jugendlichen lernen die Körpersprache als Instrument der Kommunikation kennen, das zugleich besonders wichtig ist, aber auch anfällig für Fehlinterpretationen. Die Körpersprache kann als Mittel zur positiven Selbstdarstellung bewusst eingesetzt werden.

Vorschlag 1: Körpersprache verstehen

Die Trainingssitzung wird mit einem Brainstorming über das Thema eingeleitet. Es folgt ein pantomimisches Gespräch mit vorgegebenen Rollen. Anhand der Videoaufzeichnung wird die Rolle der Körpersprache diskutiert.

Vorschlag 2: Was mein Körper verrät

Arbeitsblatt 19: Ich sehe was, was du nicht siehst

Auf Vorschlag des Trainers werden Szenen aus Beruf und Alltag gespielt. Arbeitsblatt 19 wird bearbeitet. Es folgen Übungen, welche die Flexibilität der Jugendlichen im Hinblick auf den Einsatz ihrer Körpersprache in verschiedenen Rollen beinhalten.

Vorschlag 3: Stimmungsjazz

Arbeitsblatt 20: Stimmungskarten

Um ihre Körpersprache weiter zu differenzieren, sollen die Jugendlichen vorgegebene Stimmungen verbal, pantomimisch, malerisch oder mit Hilfe von Musikinstrumenten darstellen.

2.6.7 Modul: Kooperation und Teamfähigkeit

Ziel dieses Moduls ist das Erlernen und Üben von Kooperation und Teamfähigkeit. Die Teamfähigkeit hat ihre Grenzen; die Jugendlichen sollen lernen, mit den Grenzen umzugehen.

Vorschlag 1: Kreativität und Team

Arbeitsblatt 21: Haus-Baum-Hund

Nach einem Brainstorming zum Thema bilden die Teilnehmer Zweierteams, um die Arbeit auf Arbeitsblatt 21 durchzuführen. Sie sollen gemeinsam mit einem Stift eine Zeichnung anfertigen. Alternativ kann von der ganzen Gruppe ein Gruppenbild gezeichnet werden.

Vorschlag 2: Vorauf es ankommt

Arbeitsblatt 22: Brückenbau

Arbeitsblatt 23: Brückenbau beobachten

Die ganze Gruppe baut aus Papier eine Brücke. Zwei Teilnehmer beobachten die Arbeit (Arbeitsblatt 23). Nach der Fertigstellung der Brücke beschreiben die „Beobachter“ die Arbeit der Gruppe unter den Aspekten Kooperation und Teamfähigkeit. Die „Brückenbauer“ üben Kritik und Selbstkritik zu ihrer Teamarbeit und ihrem Produkt.

Vorschlag 3: Projekt Markenzeichen

Arbeitsblatt 24 : Projektplanung

Der Trainer macht der Gruppe das Angebot, dass sie in einigen Sitzungen ein künstlerisches Projekt mit einem „Produkt", das innerhalb der Schule oder Einrichtung ausgestellt würde, durchführen können. Aus den drei Vorschlägen wird ein „Produkt" ausgewählt. Inhalte, Material, Geräte und Zeitplanung werden festgelegt. Das Arbeitsblatt 24 wird besprochen, erläutert und beschlossen.

2.6.8 Modul: Lebensplanung

Die Jugendlichen sollen erkennen, dass sie ihr Leben selbstständig und eigenverantwortlich planen und gestalten müssen. Sie lernen, ihre entsprechenden Erwartungen, Ziele und Wünsche nach Nah- und Fernzielen zu differenzieren. Sie lernen, ihr Fernziel in konkrete Teilziele zu unterteilen, was eine wesentliche Hilfe bei der Zielerreichung ist. So erkennen sie leichter, wenn Ziele miteinander konkurrieren.

Vorschlag 1: Zeitreise

Der Trainer erläutert einige Begriffe wie Familie, Partnerschaft, Arbeit und Freizeit. Unterschiede in den familiären und beruflichen Entscheidungen heute und vor 100 Jahren werden anhand eines Beispiels herausgearbeitet. Fragen wie „Was ist euch bei dem Vergleich von damals und heute aufgefallen?" sind hilfreich. Abschließend geht es um die Frage: „Was wird von Jugendlichen heute erwartet?".

Vorschlag 2: Mein Leben – meine Zukunft

Der Trainer führt mit dem Titelbild in das Thema „Lebensplanung" ein. Die Teilnehmer werden aufgefordert, ihre Zukunftsvisionen in Form einer Collage zu veranschaulichen. Das Thema kann durch die Frage „Wie stellst du dir dein Leben in fünf Jahren vor?" konkretisiert werden.

Die Collagen werden vor allen Teilnehmern präsentiert, erläutert und abschließend gewürdigt.

Vorschlag 3: Pro und Kontra

Arbeitsblatt 25: Pro und Kontra

Aus einer umfangreichen Liste von Lebensentscheidungen suchen sich die Teilnehmer je eine aus. Mit einem Partner zusammen wird die Aufgabe auf Arbeitsblatt 25 bearbeitet. Am Ende findet mit allen Jugendlichen ein Gespräch über diesen Weg der Entscheidungsfindung statt.

2.6.9 Modul: Beruf und Zukunft

Ziele: Die Jugendlichen erhalten Gelegenheit, sich ihrer beruflichen Vorstellungen und Wünsche bewusst zu werden. Haben sie ihre Berufsentscheidung bereits getroffen, werden sie diese begründen und bewerten. Die Teilnehmer erhalten die Gelegenheit, die Chancen und Grenzen ihres beruflichen Weges einzuschätzen.

Vorschlag 1: Beruf unter der Lupe

Die Jugendlichen erfahren in dieser Trainingssitzung, welche Vorteile eine gründliche Vorbereitung auf Bewerbungsgespräche hat. Die Bewerbungen werden im Rollenspiel durchgeführt.

Vorschlag 2: Jobinterview

Arbeitsblatt 26: Leitfaden für ein Job-Interview

Das Thema besteht darin, Mitarbeiter der Institution (Lehrer, Ausbilder, Hausmeister usw.) zu ihrem Beruf zu interviewen. Sie wenden den Leitfaden auf Arbeitsblatt 26 an und werden in die Interviewtechnik eingeführt. Die Antworten werden entweder stichwortartig notiert oder aufgezeichnet. Die Interviews werden präsentiert und diskutiert.

Vorschlag 3: Wir drehen einen Film

Arbeitsblatt 27: Fragen zum Bewerbungsgespräch

Mit einem Kooperationspartner gehen die Jugendlichen die Fragen durch. Es werden Bewerbungsgespräche geplant: Es werden wichtige Hinweise oder Demonstrationen für eine angemessene Körpersprache gegeben. Alle Teilnehmer spielen einmal den Bewerber. Das Gespräch wird mit Video aufgezeichnet und anschließend nach positiven und negativen Aspekten und Verhaltensweisen des Bewerbers analysiert. Verbesserungsvorschläge werden erarbeitet, die in weiteren Durchgängen eingeübt werden.

2.6.10 Modul: Gefühle

Ziele: Zwischen Gefühlen, körperlichen Symptomen von Gefühlen und Stimmungsschwankungen zu unterscheiden erfordert einige Übung. Die Teilnehmer lernen, ihre Gefühle wahrzunehmen, auszudrücken und auch zu regulieren.

Vorschlag 1: Wut oder Freude

Arbeitsblatt 28: Instruktionskarten Gefühle

Nach einem Quasiexperiment zum Gefühl „Freude" erhalten die Zweierteams ihre Aufgabe von Arbeitsblatt 28. Jeder sucht aus der Liste zwei Gefühle heraus, die er körpersprachlich darstellt und die der Teampartner identifizieren muss. Anschließend wiederholt das Team diese Übung vor der Gruppe. Die ganze Gruppe soll das jeweilige Gefühl erraten. Anschließend wird der Zusammenhang zwischen Gefühl, Körpersprache, Sprache und Handlung diskutiert.

Vorschlag 2: Zusammenspiel

Arbeitsblatt 29: Meine Gefühle

Der Trainer erzählt eine bewegende Geschichte, und die Teilnehmer sollen währenddessen ihre Gefühle, die körperlichen Begleiterscheinungen, ihre Gedanken und Bewertungen auf Arbeitsblatt 29 notieren. In Kleingruppen werden die Aufzeichnungen ausgetauscht und verglichen. Die Notizen der Teilnehmer werden gesammelt und entsprechend dem Thema „Wie hängen Gefühle, körperliche Symptome, Gedanken und Bewertungen zusammen?" reflektiert.

Vorschlag 3: Gute Zeiten – schlechte Zeiten

Der Trainer spricht mit den Jugendlichen über Möglichkeiten der Selbsthilfe bei seelischen Krisen. Die verschiedenen Aspekte, Ideen und Begriffe werden auf Karteikarten gesammelt und an einer Pinnwand befestigt. Jeder Teilnehmer erhält einen „Notfallkoffer" mit einer Liste von Maßnahmen.

2.6.11 Modul: Fit für Konflikte I

Ziele: Die Jugendlichen lernen, zwischen „Konflikt“ und „Streit“ zu unterscheiden. Konflikte gehören zum Leben. Sie lernen, in einem Konflikt die eigenen Gefühle und Bedürfnisse wahrzunehmen und angemessen auszudrücken. Sie lernen ebenso, die Gefühle des Gegenübers wahrzunehmen und zu berücksichtigen. Um den gegenseitigen Respekt aufrecht zu erhalten, müssen die Konfliktpartner lernen, zwischen Person und Problem zu unterscheiden.

Vorschlag 1: Konflikt – ja oder nein?

Der Trainer markiert auf dem Boden zwei Felder: „Konflikt“ und „Kein Konflikt“. Er erzählt verschiedene kurze Geschichten und die Teilnehmer geben ihre Einschätzung dadurch ab, indem sie sich auf das Feld „Konflikt“ oder auf das Feld „Kein Konflikt“ stellen. Der Trainer lässt die Teilnehmer ihre Entscheidung erläutern und überprüfen.

Vorschlag 2: Fair oder unfair?

Nach einem einführenden Gespräch über Konflikte bearbeiten die Teilnehmer paarweise faire und unfaire Konflikte, die sie erlebt haben, für ein anschließendes Rollenspiel. Dieses wird präsentiert. Die anderen geben Feedback.

Vorschlag 3: Ich rede von mir

Arbeitsblatt 30: Unterscheidung zwischen ICH- und DU-Sätzen

Arbeitsblatt 31: ICH oder DU?

Der Trainer führt mit Hilfe der ICH-Sätze in die Konfliktlösung ein. Ein Negativbeispiel wird mit der Gruppe diskutiert. Anhand weiterer Beispiele wird die unterschiedliche Wirkung von ICH- und DU-Sätzen herausgearbeitet. Die Unterscheidung von ICH- und DU-Sätzen wird geübt, DU-Sätze werden in ICH-Sätze umgewandelt.

2.6.12 Modul: Fit für Konflikte II

Ziele: Die Jugendlichen realisieren, dass sich hinter einem Konflikt Interessen, Bedürfnisse und Ängste verbergen, die den Inhalt und Verlauf des Konflikts beeinflussen. Sie lernen, eine Eskalation von Konflikten zu vermeiden und Schritte zur Konfliktbewältigung anzuwenden.

Vorschlag 1: Streithähne unter sich

Je zwei Teilnehmer bereiten ein Rollenspiel mit unangemessenem Konfliktverhalten vor. Während der Präsentation in der Gesamtgruppe notieren sich die Teilnehmer die unangemessenen Verhaltensweisen. Danach sammeln alle gemeinsam Lösungsmöglichkeiten.

Vorschlag 2: Eisbergmodell

Arbeitsblatt 32: Eisbergmodell

Arbeitsblatt 33: Schlau gedacht, schlau gemacht

Anhand der Zeichnung des Eisbergmodells von Arbeitsblatt 32 klärt der Trainer, dass sich hinter einem Konflikt Gefühle, Bedürfnisse, Einstellungen, Ziele und Absichten verbergen, die sich auf den Konflikt auswirken. Werden diese Gefühle, Bedürfnisse und Ziele ausgesprochen, wirkt sich das positiv auf die Konfliktbewältigung aus. Die Teilnehmer spielen nun einen Konflikt, in dem sie die dahinterliegenden Gefühle, Bedürfnisse, Ziele usw. herausarbeiten und aussprechen. Die Erfahrungen werden ausgewertet und reflektiert.

Vorschlag 3: Win-win: die coole Art, Konflikte zu lösen

Arbeitsblatt 34: Win-win: die coole Art, Konflikte zu lösen

Der Trainer verdeutlicht, dass hier im Training das Verhalten und nicht die Person selbst Gegenstand des Konflikts und seiner Lösung ist. Zunächst wird ein Konflikt aus Schule, Betrieb oder Freundeskreis eingebracht, wie er tatsächlich abgelaufen ist, d.h. ohne die Win-win-Lösung. Nun wird der Konflikt neu reflektiert und sorgfältig in den Kleingruppen nach den Regeln der Win-win-Methode nach Arbeitsblatt 34 bearbeitet und anschließend präsentiert. Bei kontroversen Äußerungen ist besonders auf die Einhaltung der Feedbackregeln zu achten.

2.6.13 Modul: Einfühlungsvermögen

Ziele: Die Jugendlichen lernen, Meinungen, Bedürfnisse und Gefühle anderer Menschen wahrzunehmen und zu verstehen. In den Rollenspielen üben sie die Perspektivenübernahme, um den anderen besser verstehen und akzeptieren zu können und um ihr eigenes Verhalten zu überprüfen und dann zu ändern.

Vorschlag 1: Blindenübung

Ein Teilnehmer führt einen anderen, dem die Augen verbunden sind, achtsam durch den Raum. Der Führende trägt die Verantwortung, dass dem „Blinden" nichts passiert. Die Rollen werden variiert und getauscht. Am Ende beschreiben sich die Übungspartner gegenseitig ihre unterschiedlichen Gefühle beim Führen und beim Geführtwerden.

Vorschlag 2: Vorhersage

Arbeitsblatt 35: Situationsbeschreibung I

Arbeitsblatt 36: Situationsbeschreibung II

Mit einer kurzen Geschichte veranschaulicht der Trainer, wie wichtig die Perspektivenübernahme in Schule, Betrieb und Freundeskreis ist. Die Perspektivenübernahme wird in Zweierteams geübt und mit Hilfe der Arbeitsblätter verbessert.

Vorschlag 3: Perspektivenwechsel

Nachdem der Trainer exemplarisch eine Geschichte zum Perspektivenwechsel vorgetragen hat, wird der Perspektivenwechsel in Kleingruppen mit Hilfe des Rollentausches geübt. Es erfolgt dabei eine intensive Auseinandersetzung mit den erforderlichen Fähigkeiten.

2.6.14 Modul: Lob und Kritik

Die Jugendlichen erwerben einen angemessenen Umgang mit Misserfolgen. Durch positives Feedback wird ihre Selbstwirksamkeitsüberzeugung gefördert und die Frustrationstoleranz gegenüber Kritik verbessert. Kritik soll als Chance zur Weiterentwicklung gesehen werden. Sozial angemessene Formen, Kritik zu geben und anzunehmen, werden eingeübt.

Vorschlag 1: Umgehen mit Kritik im Beruf

Im Beruf gibt es berechtigte und unberechtigte Kritik. Dazu werden von den Teilnehmern mehrere Rollenspiele präsentiert. Daraufhin werden den Jugendlichen zwei wohl strukturierte Rollenspielvorlagen in Form von Arbeitsblättern zur Verfügung gestellt. In Kleingruppen werden die Probleme reflektiert, Lösungen erarbeitet; und in der Trainingsgruppe wird eine verbesserte Version präsentiert.

Vorschlag 2: Angemessenes Lob und angemessene Kritik

Arbeitsblatt 37: Lob und Kritik anhören

Arbeitsblatt 38: Lob und Kritik aussprechen

Mit Hilfe der beiden Arbeitsblätter erklären die Jugendlichen, wie es ihnen erging, als sie berechtigt oder unberechtigt kritisiert wurden. Der Trainer gibt den Jugendlichen die Aufgabe, dass alle gemeinsam einen Luftballon so durch den Raum bewegen, dass er nicht auf den Boden fällt. Die Jugendlichen geben sich am Ende Rückmeldungen entsprechend den Feedbackregeln.

Vorschlag 3: Meine Erste-Hilfe-Box

Einleitend wird über die Bedeutung von Lob gesprochen und was die Jugendlichen dabei empfinden, wenn sie gelobt werden. Jeder Teilnehmer schreibt über jeden Teilnehmer ein Lob auf eine Karteikarte und gibt diese dann weiter bis sie wieder beim „Eigentümer“ angekommen ist. Dieser liest vor, was über ihn auf der Karte geschrieben steht. Die Karte kommt in den Notfallkoffer und kann in Krisensituation sehr hilfreich sein.

2.7 Exemplarische Wiedergabe eines vollständigen Trainingsmoduls

Um den Lesern einen anschaulichen Eindruck von Art und Aufbau der Trainingsmodule zu geben, wird an dieser Stelle ein vollständiges Modul als Beispiel wiedergegeben (Jugert et al., 2017).

Abbildung 5: Titelblatt zum Modul Kooperation und Teamfähigkeit

Kooperation und Teamfähigkeit

Modul Kooperation und Teamfähigkeit

Hintergrund

Kooperation und Teamfähigkeit sind Fertigkeiten, die im Beruf und auch sonst im Leben gebraucht werden. Kooperation kann als Zusammenwirken von mehreren Personen verstanden werden. Dazu braucht man die Fertigkeiten der Kommunikation, des Umgangs mit Gefühlen, der Empathie und der Selbst- und Fremdwahrnehmung. Hinzu kommen noch Kompromissbereitschaft, Zielorientierung und Einsatzbereitschaft. Hohe Kooperations- und Teamfähigkeit liegt dann vor, wenn die Person ihre vorhandenen sozialen Kompetenzen in den Dienst eines gemeinsamen Zieles stellt.

In unserer vernetzten Welt werden Fähigkeiten wie Kooperation und Teamfähigkeit immer wichtiger. Der Mensch, der alleine ein Möbelstück oder ein Haus herstellt, ist selten geworden. Stattdessen arbeitet man immer häufiger in Arbeitsgruppen gemeinsam an einem Produkt oder an einer Erkenntnis. In diesen Arbeitsgruppen oder Teams werden neben dem beruflichen Können viele soziale und emotionale Fähigkeiten erwartet.

Ziele

- Die Jugendlichen erlernen die wichtigsten Fertigkeiten der Kooperation.
- Sie erfahren Wichtiges über ihre eigene Teamfähigkeit.
- Sie lernen Möglichkeiten zur Verbesserung ihrer Kooperationsfähigkeit kennen.
- Sie lernen Grenzen der Teamfähigkeit kennen und wie man damit umgehen kann.

Literatur

- Petermann, F., Petermann, U. (2010). Training mit Jugendlichen. Förderung von Arbeits- und Sozialverhalten. Göttingen: Hogrefe, 9., vollständig überarbeitete Aufl.

Vorschlag 1: Kreativität und Team

Ziel

Die Jugendlichen erfahren am Beispiel kreativer Aufgaben, auf welche Fähigkeiten es bei der Kooperation ankommt, welche Widerstände auftreten können, und dass erfolgreiche Teamarbeit selbstverstärkend ist.

Material

- Papier (DIN A3 oder A4)
- Stifte
- Wandtafel oder Pinnpapier
- Farbstifte oder -kreide
- Arbeitsblatt 21 „Haus – Baum – Hund“

Übungsanleitung

Der Trainer hängt das Titelbild des Moduls auf, lässt die Teilnehmer es kurz betrachten und kommentieren. Er kann mit einem Brainstorming zu den Begriffen „Team“ und „Zusammenarbeit“ fortfahren.

Er kündigt die Team-Übung „Haus – Baum – Hund“ an, teilt das Arbeitsblatt 21 „Haus – Baum – Hund“ aus und bespricht es mit den Jugendlichen. Er weist darauf hin, dass man in dieser Übung lernen kann, was die Teamarbeit fördert. Die Trainingsgruppe wird in Zweiergruppen aufgeteilt:

Je zwei Teilnehmer nehmen einander gegenüber an einem Tisch Platz. Sie haben ein Blatt und einen Stift zwischen sich liegen.

„Nehmt den Stift gemeinsam in die Hand und zeichnet gemeinsam ein Haus, einen Baum und einen Hund. Dabei darf nicht gesprochen werden.“
„Unterschreibt am Ende das Bild gemeinsam, ohne zu sprechen, mit einem ‚Künstlernamen‘.“ (→ Arbeitsblätter 1 und 4)

„Gebt euch dann gemeinsam eine Note für euer Bild, die ihr ebenfalls gemeinsam und ohne sie miteinander zu besprechen unter das Bild schreibt.“

„Jetzt dürft ihr miteinander sprechen. Ihr alle zusammen seid nun ein Künstlerverein und sollt das beste Bild herausfinden. Begründet eure Entscheidung.“

Hierfür werden 20 Minuten Zeit gegeben.

Folgende Übung kann alternativ oder zusätzlich ausgeführt werden:

Die Gruppe malt ein Bild der Gruppe

Die Gruppe zeichnet gemeinsam ein Bild von der Trainingsgruppe. Dabei darf (ebenfalls) nicht gesprochen werden. Das Ziel ist es, in dem Bild auszudrücken, was typisch für die Trainingsgruppe ist. Es geht nicht darum, Mitglieder der Gruppe möglichst naturgetreu zu zeichnen. Der Trainer gibt der Gruppe 20 Minuten Zeit zum Malen des Bildes, lässt das Bild für ein paar Minuten in Ruhe betrachten und anschließend jedes Gruppenmitglied seinen persönlichen Eindruck von dem Bild wiedergeben.

Auswertung

Gefühle

- Wie hat dir das gemeinsame Zeichnen und Malen gefallen?
- Welche Aufgabe fandest du interessanter, welche schwieriger?

Verstehen

- Was ist dir beim Malen zu zweit aufgefallen? Habt ihr euch beim Führen abgewechselt?
- Worauf kommt es bei dem gemeinsamen Malen an, damit ein gutes Ergebnis herauskommt?

Transfer

Der Trainer spricht jeden Teilnehmer zu jeder Frage an:

- Ist dir schon einmal Ähnliches aufgefallen, wenn du mit anderen zusammengearbeitet hast?
- Wie kannst du etwas von dem, was du bei dem gemeinsamen Zeichnen erlebt hast, in deinem Alltag anwenden?

Vorschlag 2: Worauf es ankommt!

Ziel

Die Jugendlichen lernen, was für die Bewältigung einer gemeinsamen Aufgabe förderlich und hinderlich ist. Sie erfahren, welche Fertigkeiten sie bereits besitzen und welche sie noch verbessern können.

Material

- 4 Bögen Papier
- 1 Schere
- 1 Kleber
- 4 Bögen Karton
- Arbeitsblatt 22 „Brückenbau“
- Arbeitsblatt 23 „Brückenbau beobachten“

Übungsanleitung

Wenn es die erste Kooperationsübung ist, sollte ein kurzes Brainstorming zu den Bereichen Kooperation und Teamfähigkeit durchgeführt werden, wobei das Titelbild des Moduls als Anregung verwendet werden kann. Danach kündigt der Trainer eine Übung an, bei der mit der ganzen Gruppe eine Brücke gebaut wird. Zwei Jugendliche erhalten den Auftrag, den Bauprozess zu beobachten. Sie bereiten sich mit Hilfe des Arbeitsblattes 23 „Brückenbau beobachten“ und des Trainers darauf vor.

Die anderen Gruppenmitglieder erhalten das Arbeitsblatt 22 „Brückenbau“. An dieser Stelle werden aufkommende Fragen geklärt. Der Trainer kann sich dafür entscheiden, der Gruppe, die die Brücke baut, eine Aufgabenstruktur vorzugeben: Zum Beispiel zu bestimmen, wer Baumeister, Planungsexperte oder Team, Zuschneide-Team, Klebe-Team ist. Oder er kann es der Gruppe freistellen, sich selber eine solche Aufgabenstruktur zu geben. Wenn alle Vorfragen geklärt sind, beginnt der Brückenbau, für den die Gruppe 45 Minuten Zeit erhält.

Die Brücke wird von dem Trainer gewürdigt und geprüft, ob sie frei stehen kann, und ob sie ein großes Lineal trägt ohne umzufallen. Nun werden die Beobachter gebeten, ihre Wahrnehmungen zur Kooperation und Teamfähigkeit wiederzugeben – unter Beachtung der Feedbackregeln. Im Anschluss daran stellen die Brückenbauer dar, wie sie den Bauprozess und die Zusammenarbeit wahrgenommen haben, und wie sie das Produkt einschätzen.

Auswertung

Gefühle

- Was hat dir an der Brückenbau-Übung Spaß gemacht?
- Was fandest du besonders interessant?

Verstehen

- Auf welche Verhaltensweisen kommt es bei einer Zusammenarbeit an?
- Was hat außer den Fähigkeiten der Teilnehmer noch Einfluss auf das Ergebnis?

Transfer

Der Trainer spricht jeden Teilnehmer zu jeder Frage an:

- Wo liegen deine Stärken bei der Teamarbeit?
- Wo und wie kannst du deine Teamfähigkeit im Alltag erproben und üben? (Schule, Feste, Feiern, Verein, Gemeinde)

Vorschlag 3: Projekt Markenzeichen

Ziel

Die Jugendlichen sollen lernen, nach minimalen Vorgaben mit der Gruppe ein Projekt zu planen und durchzuführen. Dabei sollen Kreativität, Einsatz und Ausdauer zum Tragen kommen.

Material

- Papier und Stifte
- Arbeitsblatt 24 „Projektplanung“
- Einige Notebooks

Übungsanleitung

Wenn der Trainer die Trainingsgruppe inzwischen als motiviert und etwas erfahren in der Kooperation einschätzt, kann er mit ihnen den vorliegenden Trainingsvorschlag durchführen.

Der Trainer kündigt der Trainingsgruppe an, dass sie Gelegenheit erhält, ein künstlerisches Projekt zu planen, durchzuführen und ein Produkt zu erstellen. Das ganze Projekt ziehe sich über mehrere Trainingssitzungen hin.

Das Produkt des Projektes kann ein Markenzeichen oder Symbol für das Training FIT FOR LIFE sein, das vielfältig verwendbar sein sollte. Beispiele: Anstecker an der Kleidung und an Mützen, Aufkleber für Ordner, Mappen oder Geräte, Symbole auf T-Shirts.

In dieser Trainingssitzung soll das Projekt mit der Zielsetzung, Produkt, Zeitplanung, Arbeitsteilung sowie Arbeitsgeräte und Materialien zu koordinieren, geplant werden. Weiter soll eine Entscheidung über das Produkt fallen. Der Einsatz von Arbeitsmitteln, zum Beispiel von PCs zum Entwerfen eines Symbols oder Logos, wird vor der Sitzung geklärt.

Die Jugendlichen lesen das Arbeitsblatt 24 „Projektplanung“ und haben Gelegenheit zu Nachfragen. Die Arbeitszeit beträgt circa 60 Minuten. Der Trainer begleitet die Jugendlichen bei ihren Arbeitsprozessen und Entscheidungen, um sie zu ermutigen, zu unterstützen und schwierige Situationen zu klären.

Am Ende der Arbeitszeit wird der Stand der Ergebnisse festgestellt und die weitere Arbeit an dem Produkt nach Inhalten, Zeiten, benötigten Geräten und Materialien festgelegt. Nach Fertigstellung des Produktes kann dieses im Rahmen der Schule oder Einrichtung auf geeignete Weise ausgestellt werden.

Thematische Alternativen:

- Ein spannendes Gruppenspiel entwerfen und gestalten.
- Eine Hilfsaktion für Menschen in der Nachtbarschaft planen und durchführen.
- Einen Werbeslogan für Verhaltenstrainings entwerfen und ausführen.

Auswertung

Gefühle

- Was hat dich an dem Projekt besonders interessiert?
- Was hat dir bei der Projektplanung Spaß gemacht?

Verstehen

- Auf welche Fertigkeiten der Beteiligten kommt es bei einer solchen Teamarbeit an?
- Unter welchen Bedingungen kannst du dich am besten entfalten?

Transfer

Der Trainer spricht jeden Teilnehmer zu jeder Frage an:

- Hast du schon einmal an einem ähnlichen Projekt mitgearbeitet, und welche Erfahrungen hast du dabei gemacht?
- Mit welcher Gruppe, der du angehörst könntest du etwas Ähnliches machen?

Abbildung 6: Arbeitsblatt 21 „Haus – Baum – Hund"

Arbeitsblatt 21
Haus – Baum – Hund

1. Je zwei Teilnehmer nehmen einander gegenüber an einem Tisch Platz. Sie haben ein Blatt und einen Stift zwischen sich liegen.
2. Nehmt ohne zu sprechen den Stift gemeinsam in die Hand und zeichnet gemeinsam ein Haus, einen Baum und einen Hund.

3. Wenn ihr damit fertig seid, unterschreibt ihr das Bild gemeinsam, wiederum ohne zu sprechen, mit einem „Künstlernamen".
4. Gebt euch gemeinsam eine Note für das Bild, die ihr ebenfalls gemeinsam und ohne miteinander zu sprechen, unter das Bild schreibt.
5. Jetzt dürft ihr miteinander sprechen. Ihr alle zusammen seid ein Künstlerverein und sollt das beste Bild herausfinden. Begründet eure Entscheidung.

Abbildung 7: Arbeitsblatt 22 „Brückenbau"

Arbeitsblatt 22
Brückenbau

Anleitung

Baut eine Brücke aus dem Material, das ihr bekommen habt:

- 4 Blatt Kartonpapier
- 1 Kleber
- 1 Schere
- 1 Lineal
- 4 Blatt Papier (zum Entwerfen der Konstruktion)

Die Brücke muss am Ende auf ihren eigenen Pfeilern und ihrem Fundament stehen können. Sie darf weder an die Wand oder einen Gegenstand gelehnt stehen noch aufgehängt werden. Sie muss standfest genug sein, um das Lineal tragen zu können, ohne umzufallen.

Ihr könnt Euer Baumaterial in jeder Art und Weise benutzen: zuschneiden, biegen, kleben, zusammenkleben und so weiter. Jedoch darf kein einzelner Pappstreifen länger oder breiter sein als das Lineal.

Abbildung 8: Arbeitsblatt 23 „Brückenbau beobachten“

Arbeitsblatt 23 Brückenbau beobachten

Anleitung zum Beobachten

- Wie hat sich die Gruppe für die Arbeit organisiert? Wie wurden die Rollen verteilt? Wurde ein Leiter bestimmt? ....
....
....
- Wie war das Arbeitsklima beim Brückenbauen? Freundlich, entspannt oder traten Spannungen auf? Wurden Vorschläge Einzelner berücksichtigt? Haben sich alle aktiv beteiligt? ....
....
....
- Wer war am hilfreichsten bei der Arbeit? Wer hatte die meisten, wer die besten Einfälle und Vorschläge? Gab es Diskussionen, die zu nichts führten? ....
....
....
- Wie eifrig war die Gruppe bei der Arbeit? War allen klar, worauf es ankam? Wer hat die wichtigsten Entscheidungen getroffen? ....
....
....

Abbildung 9: Arbeitsblatt 24 „Projektplanung“

Arbeitsblatt 24
Projektplanung

Planungshilfe

- Zielsetzung: Was ist das Ziel des Projektes?
- Zu erstellendes Produkt: Was soll dabei herauskommen?
- Arbeitsgänge: Welche Arbeitsphasen sind notwendig und sinnvoll?
- Arbeitsteilung: Wer macht was?
- Arbeitsmittel: Welche Arbeitsgeräte und Materialien werden gebraucht?
- Zeitplanung: Wann wird was gemacht?
- Insgesamt stehen für dieses Projekt drei Trainingssitzungen zur Verfügung.

2.8 Effekte des Trainings

Über die positiven Effekte eines Sozialtrainings zu hören, kann die Motivation zur Verwendung dieses Trainings enorm steigern. Gerade wenn die Wahl zwischen mehreren Sozialtrainings schwer fällt, kann der Bericht über deren Effekte ausschlaggebend sein. Nun ist es für alle Entwickler von Sozialtrainings im eigenen Interesse, ihr Training möglichst gut zu präsentieren und weiter zu empfehlen. Auch wir werden daher gerne die positiven Effekte des Trainings darstellen. Dennoch möchten wir selbstkritisch auf die Schwierigkeit der Erfassung der Effekte auf „objektiver“ Ebene eingehen.

Die Effekte eines Sozialtrainings können in verschiedener Weise beschrieben werden. Einerseits gibt es die qualitativen Ergebnisse. Dazu gehören Berichte der Trainer und Jugendlichen, die sehr informativ sein können. Exemplarisch wird der Weg einiger Jugendlicher zum Trainingserfolg beschrieben. Des Weiteren können vorstrukturierte Interviews mit einer Auswahl von Jugendlichen durchgeführt werden. Mit den bisherigen Vorschlägen wurden Wege aufgezeichnet, die von Subjektivität zu immer mehr Objektivität führen. Dieser Weg gipfelt auf der quantitativen Ebene. Hier werden die über Verhaltensbeobachtungen, Selbst- und Fremdbeschreibungen gefundenen Antworten quantitativ ausgewertet und interpretiert.

Ursprünglich wurde das FIT FOR LIFE-Training im Rahmen eines EU-Projektes in mehreren Einrichtungen der außerschulischen Berufsvorbereitung und Ausbildung durchgeführt. In diesen Einrichtungen wurden Mitarbeiter für die Anwendung des FIT FOR LIFE-Trainings ausgebildet. Sie erhielten während der Durchführung des Trainings von einem Supervisor der Einrichtung Supervision. Eine der Einrichtungen zeichnet sich dadurch aus, dass dort sehr viele Jugendliche mit physischen Behinderungen auf das Berufsleben vorbereitet wurden, in einer anderen wurden viele Jugendliche trainiert, die anderen Kulturen entstammten und teilweise noch erhebliche Probleme mit der deutschen Sprache hatten.

2.8.1 Qualitative Ergebnisse

Aus den Gesprächen mit den Mitarbeitern und den trainierten Jugendlichen geben wir folgende Rückmeldungen zusammenfassend wieder:

Einige Trainer, Mitarbeiter und Jugendliche konnten erst nach einiger Zeit für das FIT FOR LIFE-Training interessiert werden. Einige Trainer führten eigene Adaptionen durch, was im Sinne des Trainingskonzeptes auch wünschenswert ist, nur sollten diese nicht zu weit von den eigentlichen Inhalten der Module abweichen, um die angestrebten Ziele (→ Kapitel 2.3) nicht zu gefährden. Verweigern sich Jugendliche der Teilnahme am Training, so wird dies mit zunehmender Erfahrung der Trainer sicher immer weniger problematisch. Dies kann aber anfangs sehr störend sein und den Effekt des Trainings für die anderen Jugendlichen einschränken. Wenn alle Maßnahmen der Motivierung bei diesen Jugendlichen keinen Erfolg haben, sollte ihnen anstelle des Trainings eine Alternative angeboten werden. Auch sollte darauf geachtet werden, nicht mehrere stark auffällige Jugendliche (bzgl. Aggressivität oder Vermeidungshaltung) in eine Trainingsgruppe aufzunehmen, da dies den ganzen Ablauf und die restliche Gruppe zu sehr stören könnte. Für diese Jugendlichen sind eventuell andere Trainings passender. So wird zum Beispiel für Jugendliche mit ausgeprägter aggressiver Verhaltensstörung das Training von Petermann und Petermann (2012) angeboten, in denen mit diesen Jugendlichen auch zunächst Einzelsitzungen durchgeführt werden. Immer wieder zeigte es sich, dass aus organisatorischen Gründen die empfohlene Gruppengröße weit überschritten wurde und dass in diesen Fällen störende Effekte wie Unaufmerksamkeit, Disziplinlosigkeit und weiterer Rückzug derjenigen Jugendlichen mit ausgeprägter sozialer Unsicherheit stattfinden (→ Kapitel 2.4.6). Zusammenfassend möchten wir hier festhalten, dass auf Grund unserer bisherigen Erfahrung erwartungsgemäß nicht von allen Jugendlichen das Training FIT FOR LIFE positiv eingeschätzt wird. Zu empfehlen ist, die ersten Erfahrungen mit „einfachen“ Gruppen zu machen, bevor schwierigere Jugendliche trainiert werden. Wenn dies in der entsprechenden Institution nicht realisierbar ist, so sollte versucht werden, anfangs Gruppen mit nur vier Jugendlichen zu trainieren.

Einen Erfolg, der für das FIT FOR LIFE-Training spricht, sehen wir in dessen Übernahme als festen Bestandteil der berufsvorbereitenden Maßnahmen in den beiden Einrichtungen, die in der Hauptphase des Projektes involviert waren. Hier hat die positive Erfahrung mit dem Training zu einer Implementierung von FIT FOR LIFE in das bestehende Unterrichtsprogramm geführt. In den beiden Einrichtungen, die in der Verlängerungsphase involviert waren, wurden Teile des Trainings in deren Angebot übernommen. Für die beiden Institutionen aus der Hauptphase war die Umsetzung insofern einfacher, als es sich hier um größere Einrichtungen handelt, die personell flexibler sind.

Im Folgenden wird der Fallbericht einer 17-jährigen Frau aus einer deutsch-russischen Migrantenfamilie wiedergegeben. Dieser dokumentiert typische Auswirkungen, wie sie im FIT FOR LIFE-Training auftreten.

Auf der hier gewählten qualitativen Ebene kann die allgemeine Stimmung im Training sehr gut erfasst werden. Auch können natürlich auf dieser Ebene viele individuelle Rückmeldungen erfolgen, die äußerst interessant sind. Um aber einem höheren Anspruch an Objektivität zu genügen, bieten sich quantitative Untersuchungen an. Diese sollen im Folgenden nun näher beschrieben werden.

Fallbericht

Tanja ist eine 17-jährige junge Frau aus einer deutsch-russischen Migrantenfamilie. Sie lebt erst seit kurzer Zeit in Deutschland, hat Sprachprobleme und ist hier mit einem unbekannten sozialen und kulturellen Leben konfrontiert. Zusammen mit diesen ungünstigen Voraussetzungen und verstärkt durch ihre jugendlichen Entwicklungsbedingungen, kam es dazu, dass sie sämtliche Angebote verweigerte.

Tanja hatte zu niemandem in der Klasse Kontakt. Wenn sie angesprochen wurde, so verhielt sie sich extrem unsicher. Sie nahm keinen Augenkontakt auf und antwortete auf keine Frage. An Klassenaktivitäten nahm sie nicht teil. Dementsprechend zeigte sie sehr schwache Leistungen, was sich in ihren Schulnoten widerspiegelte.

Mit der Zeit wurde es möglich, Tanja in die Trainingsgruppe FIT FOR LIFE zu integrieren. Indem sie an der Kleingruppenarbeit teilnahm, wurde es ihr möglich, Kontakte zu anderen herzustellen, und sie begann, selbst Gespräche zu initiieren. Sie lernte dabei, ihre Gefühle auszusprechen, ohne Angst zu haben, deswegen ausgelacht zu werden. Sie wurde offener und zugänglicher, und die Konsequenz auf Grund ihrer Verhaltensänderung war, dass auch die anderen entsprechend reagierten und Freundschaften entstanden.

Ihr selbstsichereres Verhalten, das sie in den Trainingsstunden lernen und ausprobieren konnte, hatte einen positiven Effekt auf ihre Leistungen in der Klasse. Mit der Zeit wurden auch Tanjas Noten besser, so dass sie nun eine gute Chance hatte, ein Praktikum und später einen Ausbildungsplatz zu finden.

Aufgrund des Trainings FIT FOR LIFE entwickelte Tanja Selbstsicherheit und eine realistische Selbstbewertung. Heute kann sie ihre Wünsche und Ziele bezüglich ihrer zukünftigen beruflichen Karriere klar formulieren und weiß, wie sie diese schrittweise umsetzen kann.

2.8.2 Quantitative Ergebnisse

Quantitative Ergebnisse wurden während der Projektphase im Zusammenhang mit der Auswertung von Fragebogendaten erhoben. Diese besitzen auf Grund der einheitlichen Präsentation und Durchführung und einer weitgehenden Unabhängigkeit von der Person, welche die Fragebögen austeilt und einsammelt, einen hohen Grad an Objektivität und damit auch eine gute Vergleichbarkeit. Dies sind wichtige Voraussetzungen, um den Effekt des Trainings mit einem Untersuchungsdesign, das auf der Grundlage wissenschaftlicher Kenntnisse entwickelt wurde, zu prüfen.

Zur Evaluation des Trainings FIT FOR LIFE wurden Fragebögen entwickelt, um die den Zielen des Trainings entsprechenden Überprüfungen durchführen zu können. Hierzu wurde teilweise auf bereits bestehende Testverfahren zurückgegriffen und falls nötig an die Zielgruppe angepasst, und teilweise wurden neue Fragen zur Prüfung der Ziele aufgestellt.

Es wurden Fragebögen für die Jugendlichen entwickelt, in denen sie ihre eigenen Verhaltensweisen und Einstellungen einschätzten und andere, in denen außenstehende Beobachter (Trainer, Lehrer, Sonstige) die Jugendlichen aufgrund von Verhaltensbeobachtungen beurteilten. Die ausführliche Beschreibung der Fragebögen und die Dokumentation sämtlicher Ergebnisse sind im Forschungsbericht von Jugert, Rehder, Notz und Petermann (2000) wiederzufinden. Diese Fragebögen bzw. Vorformen dieser Fragebögen kamen in einer Pilotphase das erste Mal zum Einsatz (s. Jugert, Haber, Holsten & Petermann, 1999; Jugert, Kreutz, Rehder & Petermann, 1999).

Die Fragebögen wurden von den Jugendlichen und den Beobachtern zu Beginn der Trainingsphase (Prätest) und am Ende der Maßnahme (Posttest) ausgefüllt. Die trainierten Jugendlichen füllten drei Monate nach dem Ende der Maßnahme (Follow up) dieselben Fragebögen noch einmal aus. Zusätzlich zu den trainierten Jugendlichen (der sogenannten Experimentalgruppe) wurde eine nicht-trainierte Gruppe von Jugendlichen (Kontrollgruppe) entsprechend befragt (→ Untersuchungsplan etc.). Die Fragebögen wurden mit einem Code versehen, so dass alle Daten, die von und zu einem Jugendlichen erhoben wurden, auf anonyme Weise einander zugeordnet werden konnten. Dies wurde gemacht, um die Qualität der Auswertung zu verbessern. Trotzdem geht es hier nicht um die Auswertung zu einzelnen Jugendlichen, sondern um durchschnittliche Effekte, die auf die Gesamtgruppe bezogen sind.

Untersuchungsplan mit Angabe der eingesetzten Fragebögen in der Hauptphase

Zeitpunkt	Experimentalgruppe	Kontrollgruppe	Datum (Zeitraum)
Vor dem Training (Prätest)	• Selbstbeschreibung • Fremdbeurteilung durch Trainer • Fremdbeurteilung durch Zweitbeobachter	• Selbstbeschreibung • Fremdbeurteilung durch Zweitbeobachter	Oktober, 1998
Trainingszeit	FIT FOR LIFE-Training	Die Kontrollgruppe hat kein Training	(6 Monate)
Nach dem Training (Posttest)	• Selbstbeschreibung • Fremdbeurteilung durch Trainer • Fremdbeurteilung durch Zweitbeobachter	• Selbstbeschreibung • Fremdbeurteilung durch Zweitbeobachter	März, 1999
Einige Monate nach dem Training (Follow up)	• Selbstbeschreibung • Fremdbeurteilung durch Zweitbeobachter		Juni, 1999 (3 Mon. nach Ende des Trainings)

Die Stichprobengröße der durchgeführten Studien in der Haupt- und Verlängerungsphase kann in Tabelle 1 nachgelesen werden. Die dort aufgeführten Zahlen spiegeln die Anzahl der Jugendlichen wider, die zu Beginn des Trainings Fragebögen ausfüllten. Durch Krankheit, Ausscheiden aus der Institution und durch unbrauchbare Angaben konnten am Ende wesentlich weniger Datensätze für die Berechnung von Veränderungswerten verwendet werden.

Das durchschnittliche Alter der Jugendlichen ist 19 Jahre. Insgesamt waren gleich viele Frauen und Männer in den Gruppen vertreten. Viele der Jugendlichen hatten eine körperliche Behinderung (49% in der Hauptphase), und etliche entstammten einer anderen Kultur (33% in der Hauptphase).

2.8.3 Selbstbeschreibung der Jugendlichen

Aufgrund unserer bisherigen Erfahrung mit den Daten aus der Selbstbeschreibung der Jugendlichen können wir keine Empfehlung zu dieser Anwendung unserer Fragebögen für diesen Personenkreis geben. Die erreichten Datenqualitäten reichen hierzu nicht aus. Es hat sich gezeigt, dass die Jugendlichen allgemein sehr schwer zu motivieren waren, die Fragebögen „korrekt" auszufüllen. Hierzu sei angemerkt, dass wir die Fragebögen immer in Gruppen von 10 bis 20 Jugendlichen (i. d. R. im Klassenverband) bearbeiten ließen. Wir waren konfrontiert mit Misstrauen bezüglich der Vertraulichkeit der Daten, mit Unlust und mit Albernheiten, die sich in entsprechenden Antworten zum Sport- oder Freizeitverhalten deutlich zeigten. Immer wieder wurden Antworten gegeben, die sich widersprachen. Auch mussten wir auf Grund der persönlichen Rückmeldungen feststellen, dass manche der formulierten Fragen von einigen Jugendlichen nicht verstanden wurden und dass die Beantwortung als zu schwer eingeschätzt wurde. Insgesamt nahm auch das Ausfüllen der Fragebögen sehr viel Zeit in Anspruch. Manche Jugendliche waren über eine Stunde damit beschäftigt, den Fragebogen auszufüllen, andere waren in 15 Minuten fertig. Die folgende Tabelle gibt die Stichproben der Experimental- und Kontrollgruppe sowie ihre Herkunft wieder.

Tabelle 1: Stichprobe der Studie

Bildungsträger	**Experimentalgruppe**	**Kontrollgruppe**
Wirtschafts- und Sozialakademie der Angestelltenkammer GmbH	73	35
Berufsbildungswerk GmbH	45	61
Gesamt in der Hauptphase	*118*	*96*
Bremer Arbeitslosen Selbsthilfeinitiative e. V.	39	26
Bildungszentrum der Wirtschaft im Unterwesergebiet e. V.	17	13
Gesamt in der Verlängerungsphase	*56*	*39*

Trotz aller Einschränkungen zeigten die erhobenen Daten in der Hauptphase, dass sich die trainierten Jugendlichen im Vergleich zur Kontrollgruppe am Ende des Trainings tendenziell selbst als weniger aggressiv und als selbstsicherer einschätzten. Auch wenn der Einfluss der Gruppe (Experimental- vs. Kontrollgruppe) – in der Varianzanalyse mit Messwiederholung – statistisch nicht signifikant wird, zeigt sich bei der Selbsteinschätzung des aggressiven Verhaltens (→ Abbildung 10), dass hier nur durch den Vergleich mit der Kontrollgruppe von einer Verbesserung gesprochen werden kann. So schätzen sich die Jugendlichen der Kontrollgruppe im Posttest (M = 1,81) durchschnittlich als aggressiver in ihrem Verhalten ein, als im Prätest (M = 1,71). Gleichzeitig verändern sich die durchschnittlichen Werte des selbstzugeschriebenen aggressiven Verhaltens bei den trainierten Jugendlichen (M = 1,69 im Prätest entspricht M im Posttest).

Abbildung 10: Durchschnittliche Einschätzung des eigenen aggressiven Verhaltens

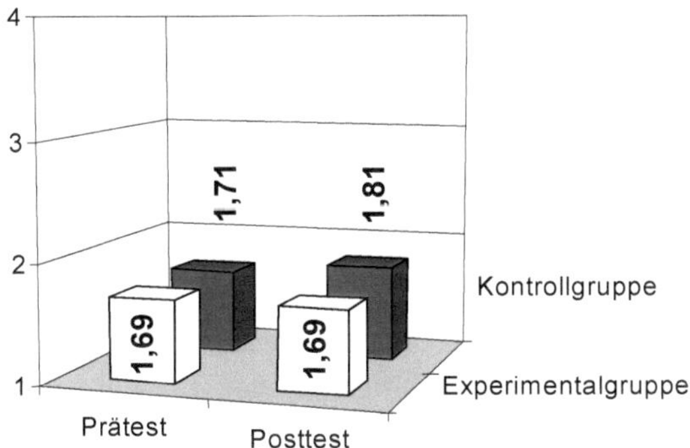

In der Selbstbeschreibung des unsicheren Verhaltens (→ Abbildung 11) zeigt sich bei den trainierten Jugendlichen (Experimentalgruppe) eine deutliche Abnahme der durchschnittlichen Werte, von M = 2,14 im Prätest zu M = 2,00 im Posttest, während in der entsprechenden Selbstbeschreibung der Jugendlichen aus der Kontrollgruppe keine nennenswerte Veränderung über den entsprechenden Zeitraum sichtbar wird: Der durchschnittliche Prätestwert (M = 1,80) ist nur geringfügig größer als der durchschnittliche Posttestwert (M = 1,79). Einschränkend sei angeführt, dass hier ein hoher Unterschied in der Ausgangssituation zwischen den Gruppen bestand. Durch die durchschnittlich höheren Werte bei der Experimentalgruppe im Vergleich zur Kontrollgruppe zu Beginn des Trainings ist eine Verringerung dieser Werte wahrscheinlicher.

Abbildung 11: Durchschnittliche Einschätzung des eigenen unsicheren Verhaltens

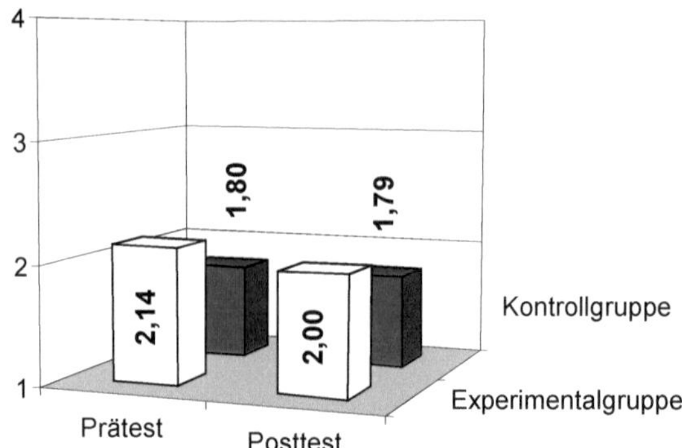

In der Verlängerungsphase wurde den trainierten Jugendlichen ein Rückmeldebogen zum FIT FOR LIFE-Training präsentiert. Der Wortlaut der Fragen kann Tabelle 2 unten entnommen werden. Zu jeder Frage wurde ausgezählt, wie viele Jugendliche die entsprechende Kategorie gewählt haben. In Tabelle 2 werden hierzu die prozentualen Anteile angegeben. Diese bestätigen im Wesentlichen die bereits vermutete Zufriedenheit der meisten Jugendlichen mit dem FIT FOR LIFE-Training und mit dem Trainer.

Auf dem momentanen Stand unserer Entwicklung von Evaluationsinstrumenten zum FIT FOR LIFE-Training präsentieren wir in Jugert et al. (2017) einen sehr kurz gehaltenen „Rückmeldebogen“, mit dem die Jugendlichen gebeten werden, Einschätzungen zu den Trainingsstunden, den Trainern und zu dem, was sie gelernt haben, abzugeben. Dieser Fragebogen wird komplett mit der Instruktion auf einer einzigen Seite präsentiert.

2.8.4 Fremdbeurteilung der Jugendlichen

In der Hauptsache sollte sich eine Evaluation des FIT FOR LIFE-Trainings auf die Fremdbeurteilungen stützen.

Basierend auf den Beobachtungskategorien von Petermann und Petermann (2010) zur Einschätzung von aggressivem, initiativelosem und sozial kompetentem Verhalten entwickelten wir einen Fragebogen zur Beurteilung des Verhaltens der Jugendlichen durch außenstehende Beobachter. In unserer Studie waren die Beobachter dann die Trainer selbst und weitere Fremdbeurteiler, wie zum Beispiel die Klassenlehrer. Beide Personengruppen sind, im Sinne einer gewünschten Unvoreingenommenheit (→ die Erläuterungen in Kapitel 3.2.6), nicht ideal.

Tabelle 2: Rückmeldung der Jugendlichen zum FIT FOR LIFE-Training, der Gruppe und der Trainer (Angaben in Prozent)

Wortlaut der Frage	**stimmt nicht**	**stimmt etwas**	**stimmt ziemlich**	**stimmt ganz genau**
FIT FOR LIFE hat mir Spaß gemacht.	9,1	*39,4*	24,2	27,3
Das Training FIT FOR LIFE hat mich ganz schön angenervt.	36,4	*51,5*	9,1	3,0
Ich ging nur zum Training, weil ich musste.	*58,8*	26,5	5,9	8,8
Mit FIT FOR LIFE habe ich nichts Vernünftiges gelernt.	*64,7*	29,4	2,9	2,9
Ich bin froh, dass ich am Training FIT FOR LIFE teilnehmen konnte.	26,5	23,5	*32,4*	17,6
Die Spiele im Training FIT FOR LIFE haben mir keinen Spaß gemacht.	*50,0*	23,5	11,8	14,7
Ich fand jede Stunde im Training FIT FOR LIFE absolut super.	26,5	23,5	*29,4*	20,6
Die anderen in der Gruppe wollten meine Meinung wissen.	23,5	*32,4*	23,5	20,6
Ich habe gemerkt, dass viele in meiner Gruppe mich gut leiden können.	14,7	*32,4*	32,4	20,6
Die Trainer redeten meist freundlich mit mir.	2,9	14,7	17,6	*64,7*
Mit anderen Trainern wäre das Ganze besser gewesen.	*85,3*	11,8	2,9	0,0

Anmerkung. Die Angaben beruhen auf den Selbstaussagen von N = 34 Jugendlichen am Ende des Trainings in FIT FOR LIFE während der Verlängerungsphase. Der Fragebogen wurde seither mehrmals verändert (→Kapitel 3.2.6).

Die Ergebnisse der Hauptphase bestätigen mit den Angaben der Trainer die erwarteten Effekte des FIT FOR LIFE-Trainings. Die Einschätzung der Jugendlichen (→ Abbildung 12) zeigte eine Verringerung bei dem beobachteten aggressiven und initiativelosen Verhalten (was der Verringerung von sozial unerwünschtem Verhalten entspricht) und einer sogar statistisch sehr signifikanten (p = .00) Steigerung bei beobachtetem sozial kompetentem Verhalten und der sozialen Problemlösekompetenz. Die Ergebnisse der Verlängerungsphase fallen ähnlich aus.

Die in Abbildung 12 dargestellten Mittelwerte beziehen sich auf Skalen, deren Wertebereich von eins bis vier reicht. So befinden sich die Mittelwerte zu den Trainingsgruppen auf den Skalen zu „aggressivem Verhalten" und

„initiativelosem Verhalten" bereits auf sehr geringem Niveau, weshalb es auch schwierig ist, das Niveau um einen signifikanten Beitrag zu verringern.

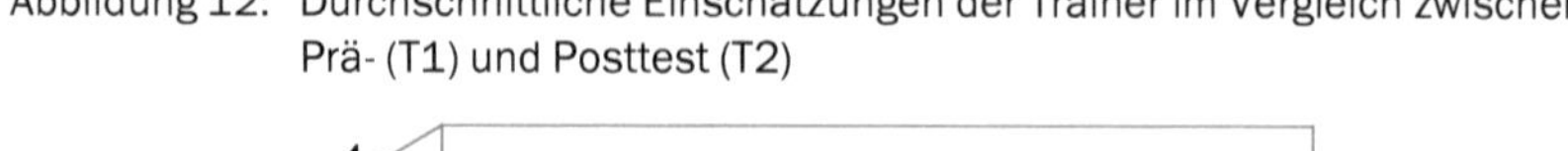
Abbildung 12: Durchschnittliche Einschätzungen der Trainer im Vergleich zwischen Prä- (T1) und Posttest (T2)

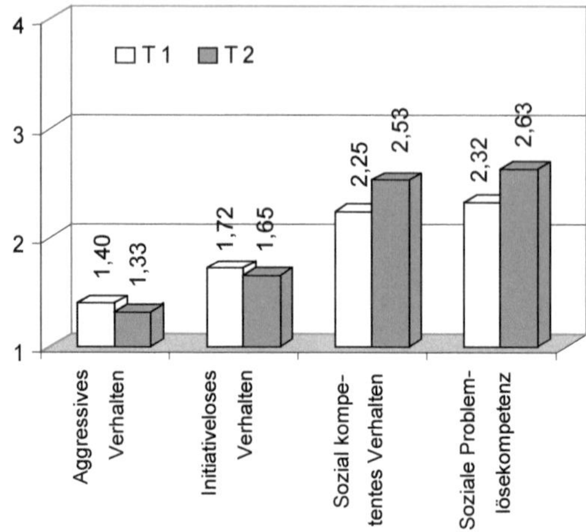

Die Angaben der Trainer beziehen sich lediglich auf N = 69 bis N = 78 Jugendliche, was auf den teilweise beträchtlichen Schwund (zu T1 war das N = 118) zurückzuführen ist.

Aus den Angaben der Zweitbeobachter konnte keine Bestätigung des Trainingseffektes festgestellt werden. Dies ist sehr bedauerlich, da von den Zweitbeobachtern auch Einschätzungen zur Kontrollgruppe vorliegen, was einen Vergleich der Änderung über die Zeit hinweg zwischen den Gruppen ermöglichen könnte.

In der Verlängerungsphase wurden Fragen zur Einschätzung der Mitarbeit der Jugendlichen während der Trainingsstunden von FIT FOR LIFE von den Trainern beantwortet. Die Antworten zu diesen Fragen, deren Wortlaut der Tabelle 3 entnommen werden kann, deuten auf eine gute Mitarbeit der meisten Jugendlichen hin. Die gute Mitarbeit der Jugendlichen ist als ein Indiz für den Erfolg des durchgeführten Trainings zu sehen.

Wir haben versucht, die zuvor berichteten Effekte (→ Abbildung 12) mit der Mitarbeit in Beziehung zu setzen. Die Vermutung liegt nahe, dass die Jugendlichen, die besser mitarbeiten, auch größere Erfolge haben. Hierzu wurden zu jedem Jugendlichen Differenzvariablen (Einschätzung zum Prätest minus Einschätzung zum Posttest) gebildet. Dieser Variablenwert wird mit der durchschnittlichen Mitarbeit (Summe der Einzelwerte zu den Fragen aus Tabelle 3, wobei der Wert des Items „Stören ..." subtrahiert wurde) korreliert.

Tabelle 3: Mitarbeit der Jugendlichen (Angaben in Prozent)

	Nie						Ständig
Wortlaut der Frage	**0**	**1**	**2**	**3**	**4**	**5**	**6**
Anwesenheit physisch	0,0	2,9	5,7	20,0	17,1	22,9	*31,4*
Anwesenheit psychisch	0,0	11,4	8,6	14,3	*22,9*	*22,9*	20,0
Aktive Beteiligung an Spielen	0,0	14,3	5,7	11,4	17,1	*31,4*	20,0
Aktive Beteiligung an den Diskussionen	0,0	14,3	5,7	11,4	25,7	*28,6*	14,3
Kooperation mit anderen Jugendlichen	0,0	11,4	11,4	5,7	25,7	*34,3*	11,4
Kooperation mit Trainer	0,0	2,9	11,4	8,6	22,9	*31,4*	22,9
Einbringen eigener Ideen	5,7	14,3	5,7	14,3	*28,6*	17,1	14,3
Stören des Trainings	*40,0*	22,9	14,3	8,6	8,6	2,9	2,9
Aufmerksamkeit	0,0	11,4	8,6	17,1	*28,6*	25,7	8,6

Anmerkung. Die Angaben beruhen auf den Einschätzungen der Trainer zu N = 35 Jugendlichen am Ende des Trainings in FIT FOR LIFE während der Verlängerungsphase. Der Fragebogen wurde seither mehrmals verändert (→ Kapitel 3.2.6).

Wie in Tabelle 4 ersichtlich, fällt die Korrelation wie erwartet aus, die sozial unerwünschten Verhaltensweisen korrelieren positiv und die sozial erwünschten Verhaltensweisen negativ mit der Skala zur Mitarbeit. Die Korrelation der Mitarbeitswerte mit denen des initiativelosen Verhaltens ist dagegen signifikant, und die Korrelation mit den Werten des sozial kompetenten Verhaltens fallen sehr signifikant aus. Dies bedeutet, dass es einen beachtlichen Zusammenhang zwischen der Mitarbeit der Jugendlichen im Training FIT FOR LIFE und einer Verbesserung im Bereich des sozial erwünschten Verhaltens gibt.

Tabelle 4: Zusammenhang zwischen der Mitarbeit der Jugendlichen und der Veränderung des sozialen Verhaltens im FIT FOR LIFE-Training

Skala	**Korrelation nach Pearson**	**Signifikanz (2-seitig)**
Aggressives Verhalten	.17	.46
Initiativeloses Verhalten	.46	.04*
Sozial kompetentes Verhalten	-.58	.01**
Soziale Problemlösekompetenz	-.35	.12
Einschätzung sozialer Kompetenzen	-.36	.11

Anmerkung. Die Angaben beruhen auf den Einschätzungen der Trainer zu N = 21 Jugendlichen aus der Verlängerungsphase.

2.8.5 Weitere Evaluationsstudien

Seit der ursprünglichen Evaluationsstudie (Jugert et al., 2000), über die vorstehend berichtet wurde, fanden eine ganze Reihe von größeren und kleineren Evaluationen des FIT FOR LIFE-Trainings statt, die im Folgenden vorgestellt werden:

Evaluationsstudien FIT FOR LIFE von 1999 bis 2015

Finnie, B. und Menke, M. (1999). Training mit Hauptschülern zweier Bremer Schulzentren

Unveröffentlichte Diplom-Arbeit im Fach Psychologie an der Universität Bremen.

Untersuchungsdesign, Gruppengröße

Experimentalgruppe: 62 Schüler (28 w, 34 m) im Alter von 15 bis 18 Jahren
Kontrollgruppe: 38 Schüler (13 w, 25 m) gleichaltrig
Prä- und Posttest

Instrumente

- Selbsteinschätzung: Viermaliger Einsatz von „Wie war's?“ (Jugert et al., 1999) mit Angaben zur Gruppenatmosphäre, zum eigenen Befinden und zum aktuellen Training, Jugendfragebogen (Jugert et al., 2000) zu allen drei Messzeitpunkten.
- Fremdeinschätzung: Beobachtungsskalen zum aggressiven, kompetenten und initiativelosen Verhalten (Petermann & Petermann, 2010), Angaben zum Konfliktverhalten und zu den Schulleistungen, 14-tägliche Einschätzung der Mitarbeit.

Ergebnisse

- Selbsteinschätzung: Statistisch signifikante Verbesserung des „Selbstwertes“ und der „Kontrollüberzeugungen im Bereich Freunde“ der trainierten Jugendlichen, keine Veränderung bei den Untrainierten, statistisch signifikanter Anstieg der „Aggressivität“ in der Kontrollgruppe, in der Experimentalgruppe wurde keine Veränderung festgestellt.
- Mitarbeit: Statistisch signifikante Verbesserungen bei den Skalen zur „verbalen Beteiligung“ und „nonverbalem Verhalten“.

Bartels, R. und Gathen, B. (2000). Training mit Hauptschülern zweier Schulen aus dem Bremer Umland
Unveröffentlichte Diplomarbeit im Fach Psychologie an der Universität Bremen.

Untersuchungsdesign, Gruppengröße

Experimentalgruppe: 41 Schüler (17 w, 24 m) im Alter von 14 bis 16 Jahren
Kontrollgruppe: 41 Schüler (20 w, 21 m) gleichaltrig
Prä- und Posttest

Instrumente

- Selbsteinschätzung: Fragebogen FIT FOR LIFE und „Wie war's?" mehrfach im Anschluss einer Trainingssitzung als Rückmeldung zum vorausgegangenen Training, beide aus Jugert et al. (2000).
- Fremdeinschätzung: Beobachtungskategorien von Petermann und Petermann (2010), Beurteilung der sozialen Problemlösekompetenz von Rehder (in Jugert, 1998), Mitarbeit der Jugendlichen, mehrfach direkt im Anschluss an eine Trainingssitzung.

Ergebnisse

- Fremdeinschätzung: Statistisch signifikante Verbesserung in der „sozialen Problemlösekompetenz" und im „Zeigen von Einfühlungsvermögen" bei der Experimentalgruppe; gleichzeitige Verschlechterung in der Kontrollgruppe.
- Bei den vierfach erhobenen Werten zur Mitarbeit zeigt sich eine statistisch signifikante Steigerung bei „Einhaltung der Regeln" und „Äußern von Ideen".

Ahrens, S. und Töngel, F. (2002). Training FIT FOR LIFE mit Schülern einer Erwachsenenschule (Hauptschule)
Unveröffentlichte Diplomarbeit im Fach Psychologie an der Universität Bremen

Untersuchungsdesign, Gruppengröße

Experimentalgruppe: 26 Schüler (13 w, 13 m) im Alter von 17 bis 36 Jahren
Kontrollgruppe: 23 Schüler (8 w, 15 m) gleichaltrig
Prä- und Posttest

Instrumente

- Selbsteinschätzung: Rückmeldung zu den FIT FOR LIFE-Sitzungen (Jugert et al., 2017).
- Fremdeinschätzung: Sozialverhalten der Teilnehmer,
  Mitarbeit der Teilnehmer im Training (Jugert et al., 2017).

Ergebnisse

- Selbsteinschätzung: Die Rückmeldung der Teilnehmer zum Training ist sehr positiv.
- Fremdeinschätzung: Statistisch signifikante Verbesserung des Sozialverhaltens der trainierten Teilnehmer. Gleichzeitig stellen die Lehrer der Kontrollgruppen eine Verschlechterung des Sozialverhaltens ihrer Schüler fest.
  Die Mitarbeit der Teilnehmer im Training wird sehr positiv beurteilt.

Jugert, G. (2004). FIT FOR LIFE mit Schüler eines Förderzentrums
Unveröffentlichter Evaluationsbericht über das Training in einer Klasse von Förderschülern.

Untersuchungsdesign, Gruppengröße

Experimentalgruppe: 28 Schüler (13 w, 15 m) im Alter von 13 bis 15 Jahren
Prä- und Posttest

Instrumente

- Selbsteinschätzung: Rückmeldung zum Sozialtraining aus Jugert et al. (2017).
- Fremdeinschätzung: Fragebogen zum Sozialverhalten der Jugendlichen aus Jugert et al. (2017).

Ergebnisse

- Selbsteinschätzung: Die Rückmeldungen der Jugendlichen zum Training sind durchweg positiv.
- Fremdeinschätzung: Statistisch signifikante Verbesserung bei der Einschätzung des Sozialverhaltens.

Rehder, A., Notz, P. und Jugert, G. (2005). FIT FOR LIFE mit Inhaftierten einer Jugendvollzugsanstalt
Unveröffentlichter offizieller Bericht im Rahmen eines Projektes des ESF.

Untersuchungsdesign, Gruppengröße

Experimentalgruppe: 56 männliche Teilnehmer im Alter von 17 bis 24 Jahren.
Prä- und Posttest

Instrumente

- Fremdeinschätzung: Fragebogen zum Sozialverhalten der Jugendlichen, Mitarbeit im Training (Jugert et al., 2017).

Ergebnisse

- Fremdeinschätzung: Bei 53 der 56 Teilnehmer konnte eine signifikante Verbesserung des Sozialverhaltens festgestellt werden.
  Im Schnitt wurde die Mitarbeit der Teilnehmer als verbessert eingeschätzt.

Chamakalayil, L. (2006). FIT FOR LIFE mit Londoner Schülern, die auf Grund emotionaler und verhaltensbedingter Schwierigkeiten von der Schule verwiesen wurden. Unveröffentlichte Diplomarbeit im Fach Psychologie an der Freien Universität Berlin.

Untersuchungsdesign, Gruppengröße

Experimentalgruppe: 9 Schüler (4 w, 5 m) im Alter von 14 bis 15 Jahren.
Prä- und Posttest

Instrumente

- Selbsteinschätzung: Fragebogen zur Erfassung von Stärken und Schwierigkeiten (Stength and Difficulties Questionnaire, SDQ von Goodman, Meltzer & Bailey, 1998),
  Fragebogen zum Mobbing (bully/victim questionnaire von Olweus, 2004),
  Fragebogen zur Klasse (What is Happening in this Class, WIHIC von Fraser, McRobbie & Fisher, 1996).
- Fremdeinschätzung: SDQ für Lehrer (Goodman, 1997), Interviews mit den Lehrkräften.

Ergebnisse

- Selbsteinschätzung: Statistisch signifikante Verbesserung der „Verhaltensprobleme“ im retrospektiven Vergleich,
  die Schüler beschreiben im Interview das Training FIT FOR LIFE als Erfolg,
  sie berichten von einer Verbesserung ihres Sozialverhaltens und einer Verringerung von negativem und problematischem Verhalten.
- Fremdeinschätzung: Die Lehrer beschreiben das Training FIT FOR LIFE im Interview als Erfolg,
  sie berichten von einer Verbesserung des Sozialverhaltens und einer Verringerung von negativem und problematischem Verhalten ihrer Schüler.

Jugert, G. und Chamakalayil, L. (2006). FIT FOR LIFE mit Schülern einer Berufsfachschule

Untersuchungsdesign, Gruppengröße

Experimentalgruppe: 17 Schüler (12w, 5m) im Alter von 16 bis 18 Jahren.
Prä- und Posttest

Instrumente

- Selbsteinschätzung: Rückmeldungen zu den FIT FOR LIFE-Sitzungen (Jugert et al., 2017).
- Fremdeinschätzung: Sozialverhalten der Jugendlichen (Jugert et al., 2017)
  Mitarbeit der Jugendlichen im Training FIT FOR LIFE (Jugert et al., 2017).

Ergebnisse

- Selbsteinschätzung: Der Fragebogen zur Rückmeldung spiegelt die hohe Akzeptanz des Trainings, eine Verinnerlichung der Trainingsziele und ein freundliches Arbeitsklima mit beliebten und fachkundigen Trainern wider.
- Fremdeinschätzung: Verbesserung des Sozialverhaltens der trainierten Jugendlichen,
  die Mitarbeit der Jugendlichen im Training hat sich im Laufe des Trainings verbessert.

Jugert, G. und Chamakalayil, L. (2007). FIT FOR LIFE
mit Jugendlichen aus Schulen, Förderschulen, Berufsbildenden Schulen und Jugendhilfeeinrichtungen eines Bremer Stadtteils (sozialer Brennpunkt) I

Untersuchungsdesign, Gruppengröße

Experimentalgruppe: 35 Jugendliche (14w, 21m) im Alter von 13 bis 18 Jahren.

Prä- und Posttest

Instrumente

- Selbsteinschätzung: Rückmeldungen zu den FIT FOR LIFE-Sitzungen (Jugert et al., 2017).
- Fremdeinschätzung: Sozialverhalten der Jugendlichen (Jugert et al., 2017),
  Mitarbeit der Jugendlichen im Training FIT FOR LIFE (Jugert et al., 2017).

Ergebnisse

- Selbsteinschätzung: Der Fragebogen zur Rückmeldung drückte eine hohe Akzeptanz des Trainings und der Trainer aus.
- Fremdeinschätzung: Statistisch signifikante Verbesserung im Sozialverhalten der trainierten Jugendlichen,
  die Mitarbeit der Jugendlichen im Training wird positiv eingeschätzt.

Jugert, G. und Chamakalayil, L. (2008). FIT FOR LIFE
mit Jugendlichen aus Schulzentren (Hauptschule), Berufsbildenden Schulen, Jugendhilfe, Förderschulen eines Bremer Stadtteils (sozialer Brennpunkt) II

Untersuchungsdesign, Gruppengröße

Experimentalgruppe: 52 Jugendliche (25w, 27m) im Alter von 14 bis 18 Jahren.

Prä- und Posttest

Instrumente

- Selbsteinschätzung: Rückmeldungen zu den FIT FOR LIFE-Sitzungen (Jugert et al., 2017).

- Fremdeinschätzung: Sozialverhalten der Jugendlichen (Jugert et al., 2017),
  Mitarbeit der Jugendlichen im Training FIT FOR LIFE (Jugert et al., 2017).

Ergebnisse

- Selbsteinschätzung: Der Fragebogen zur Rückmeldung spiegelt die hohe Akzeptanz des Trainings sowie eine Identifikation mit den Trainingszielen wider.
- Fremdeinschätzung: Statistisch signifikante Verbesserung im Sozialverhalten der trainierten Jugendlichen,
  die Mitarbeit der Jugendlichen im Training wird positiv eingeschätzt.

Stöckler, C. und Jugert, G. (2009). Evaluation des Trainings FIT FOR LIFE mit Berufsfachschülern im Rahmen einer Berufsvorbereitung an der Berufsbildenden Schule (BBS)

Untersuchungsdesign, Gruppengröße, Alter, Geschlecht

Experimentalgruppe: 89 Jugendliche (3 w, 86 m) im Alter von 17 bis 19 Jahren

Prä- und Posttest

Instrumente

- Selbsteinschätzung: Rückmeldung zum Training (Jugert et al., 2017).
- Fremdeinschätzung: Lehrereinschätzliste für Sozial- und Lernverhalten (LSL; Petermann & Petermann, 2013a) durch a) Trainer und b) Lehrer.

Ergebnisse

- Selbsteinschätzung: Der Fragebogen Rückmeldung zum Training ergab auf einer 7stufigen Skala den mittleren Wert 5,2 bei der Einschätzung der Zufriedenheit mit dem Trainer und einen mittleren Wert von 4,5 bei der Einschätzung der Akzeptanz des gesamten Trainings sowie Werte zwischen 3 und 4 zu den eigenen Fortschritten in sozialer Kompetenz.
- Fremdeinschätzung: Die Einschätzungen der Trainer ergaben signifikante bis hoch signifikante Verbesserungen der sozialen Kompetenzen. Die Einschätzung der Lehrer ergab eine moderate Verbesserung aller Items zur sozialen Kompetenz, davon waren zwei Bereiche signifikant.

Partschefeld, E. und Jugert, P. (2010). Evaluation des Trainings FIT FOR LIFE mit Berufsfachschülern (Berufsvorbereitung) an einem Berufsbildungszentrum (Metall)

Untersuchungsdesign, Gruppengröße, Alter, Geschlecht, Migrationshintergrund

Experimentalgruppe: 81 Jugendliche (5 w, 76 m) im Alter von 16 bis 20 Jahren; 59,3 % Migrationshintergrund

Prä- und Posttest

Instrumente

- Selbsteinschätzung: Rückmeldung zum Training (Jugert et al., 2017), Fragebogen zu Stärken und Schwächen (SDQ, Goodman, 1997).
- Fremdeinschätzung: Sozialverhalten der Jugendlichen (Jugert et al., 2017),
- Mitarbeit der Jugendlichen im Training (Jugert et al., 2017).

Ergebnisse

- Selbsteinschätzung: Die Rückmeldung der Jugendlichen zum Training und zur Trainerin bestätigte die hohe Akzeptanz des FIT FOR LIFE – Trainings bei Jugendlichen der Berufsfachschule. Der SDQ ergab für die gesamte Gruppe keinen signifikanten Mittelwertsunterschied zwischen Prä- und Posttest.
- Fremdeinschätzung: Es ergab sich eine signifikante Verbesserung bei der Einschätzung des Sozialverhaltens der trainierten Jugendlichen in fast allen Bereichen. Die Mitarbeit der Jugendlichen wurde von den Trainern als außerordentlich gut bis sehr gut beurteilt.
- Moderationseffekte: Eine Varianzanalyse zu den Moderationseffekten ergab, dass Schüler mit hohen Werten im Prätest des SDQ (Emotionale Probleme, Verhaltensauffälligkeiten, Hyperaktivität, Probleme mit Gleichaltrigen) vom FIT FOR LIFE – Training besonders profitierten.

Janusz-Korczak-Schule Ibbenbüren (2015). Förderschule des Kreises Steinfurt über fünf Jahre.

Untersuchung zur Wirksamkeit des FIT FOR LIFE-Trainings im Längsschnitt an der Janusz-Korczak-Schule mit einem Untersuchungszeitraum von 5 Schuljahren und der Gegenüberstellung der Antworten von Schülern, Eltern und Lehrern.

Der Bericht kann online unter https://jk-schule.de/schulinterne-evaluation-an-der-jks/ (14.03.2016) eingesehen und heruntergeladen werden.

Instrumente

Selbstentwickelte Fragen aus den Bereichen: „Einführung“, „Akzeptanz“, „Problemlösefähigkeit“ und „Aufbau von sozialen Beziehungen“, die für die verschiedenen Adressaten angepasst formuliert werden.

Ergebnisse

Die ausschließlich grafisch dargestellten Ergebnisse ergeben eine meistens positive Einschätzung zum Training FIT FOR LIFE und deren Effekte, sowohl von den Schülern selber, als auch von den Eltern und den Lehrern.

Im Besonderen fällt eine Einschätzung der Lehrer zum Schulklima auf. Hier zeigt sich eine über die Jahre der Evaluation hinweg konstante Verbesserung bis auf ein sehr hohes Niveau.

2.8.6 Überblick zu den Effekten der bereits durchgeführten Evaluationen.

In Anlehnung an die Ideen der Metaanalyse (siehe u. a. Lipsey & Wilson, 2000) wollen wir die Ergebnisse der uns bekannten Evaluationen des FIT FOR LIFE – Trainings zusammenfassend darstellen.

Insgesamt liegen uns 15 Berichte (siehe Tabelle 1) über eine Evaluation einer Trainingsmaßnahme auf der Grundlage des FIT FOR LIFE -Trainings vor. Für die Darstellung des Überblicks beziehen wir uns auf Angaben zur sozialen Kompetenz der Jugendlichen, die von den Trainern zu jedem Jugendlichen zu Beginn des Trainings (Prätest) und am Ende (Posttest) gemacht wurden. Die in der Regel über verschiedene Fragen (Items) gemachten Einschätzungen werden zu Skalen zusammengefasst und zumeist als Mittelwerte angegeben oder aus den vorhandenen Angaben berechnet. Um eine Vergleichbarkeit der Ergebnisse zu gewährleisten, wurden die Mittelwerte entsprechend der Skalierung der Fragebögen so gewichtet, dass sie einem Prozentwert von Null bis 100 entsprachen. Der Wert Null würde dann die geringstmögliche Ausprägung des Sozialverhaltens auf dem Erfassungsbogen entsprechen und der Wert 100 der entsprechend maximal möglichen Ausprägung im Sozialverhalten. Nicht überall liegen uns Angaben zu intraindividuellen Veränderungen vor, so dass wir uns darauf beschränken, die Mittelwerte des Prätests mit dem des Posttests zu vergleichen und daraus eine mittlere Veränderung über die Zeit des Trainings zu berechnen.

Die zur Anwendung gebrachten Fragebögen sind:

- Beobachtungsskalen zum aggressiven, kompetenten und initiativelosen Verhalten (Petermann & Petermann, 2010) (B-AKI)
- Beurteilung der sozialen Problemlösekompetenz von Rehder (in Jugert, 1998) (sPK)
- Sozialverhalten der Teilnehmer (Jugert et al., 2017) (SV)
- Lehrereinschätzliste für Sozial- und Lernverhalten (LSL; Petermann & Petermann, 2013a). Diesem Fragebogen sind die entsprechenden Items zum Sozialverhalten entnommen und für eine Gesamtskala gemittelt worden.

Liegen Angaben sowohl von der sozialen Problemlösekompetenz nach Rehder vor, als auch Angaben zu den Beobachtungsskalen von Petermann und Petermann (2010) haben wir uns auf die Angaben zur sozialen Problemlösekompetenz bezogen, da diese eine höhere Ähnlichkeit zum Fragebogen zum Sozialverhalten von Jugert et al. (2017) aufweisen. Dies ist der Fragebogen, der am häufigsten zur Anwendung kam.

Aus den uns vorliegenden Evaluationsberichten können durchgängig nicht standardisierte Veränderungen des Mittelwerts berechnet werden (siehe u. a. Lipsey & Wilson, 2000). Für die Berechnung standardisierter Veränderungen, den sogenannten Effektstärken, fehlen in der Regel die Angaben zur Verteilung der Werte. Dort, wo deren Berechnung möglich war, sind sie in der untenstehenden Tabelle mit aufgeführt.

Tabelle 5: Evaluationsstudien FIT FOR LIFE von 1999 bis 2015

Titel des Berichtes	Fragebogen[a]	N	M_iT1	M_iT2	M_iT2-M_iT1
Jugert et al (2000) **Hauptphase**	sPK	92	42,3%	53,3%	11,0% (ES=0,57)
Jugert et al (2000) **Verlängerungsphase**	SV	45	62,3%	65,7%	3,3%
Finnie, B. und Menke, M. (1999)	B-AKI	Es liegen keine verwertbaren Zahlenwerte vor			
Bartels, R. und Gathen, B. (2000)	sPK	38	40,0%	48,0%	8,0% (ES=0,43)
Ahrens, S. und Töngel, F. (2002)	SV	26	49,3%	68,7%	19,3%
Jugert, G. (2004)	SV	28	62,8%	69,3%	6,4%
Rehder, A., Notz, P. und Jugert, G. (2005)	SV	56	50,0%	63,8%	13,8%

Titel des Berichtes	Fragebogen[a]	N	M_iT1	M_iT2	M_iT2-M_iT1
Chamakalayil, L. (2006)	Interviews	Es liegen keine verwertbaren Zahlenwerte vor			
Jugert, G. und Chamakalayil, L. (2006)	SV	17	61,3%	75,4%	14,1%
Jugert, G. und Chamakalayil, L. (2007)	SV	34	53,0%	68,0%	15,0%
Jugert, G. und Chamakalayil, L. (2008)	SV	45	58,4%	66,5%	8,2%
Stöckler, C. und Jugert, G. (2009)	LSL	89	73,2%	78,0%	4,8%
Partschefeld, E. und Jugert, P. (2010)	SV	81	74,2%	79,0%	4,8%
Janusz-Korczak-Schule Ibbenbüren (2015).	Selbsterstellte Fragen	Es liegen keine verwertbaren Zahlenwerte vor			
Gesamtzahl verwertbarer Datensätze:		**551**			
Mit der Anzahl Teilnehmer gewichtete Durchschnittswerte $[(\sum n_i M_i)/n_{ges}]$			[b]**58,2%**	**67,0%**	**8,8%**

Anmerkung:

a Fragebogen, auf den sich die Datenbasis bezieht
B-AKI: Beobachtungsskalen zum aggressiven, kompetenten und initiativelosen Verhalten (Petermann & Petermann, 2010)
sPK: Beurteilung der sozialen Problemlösekompetenz von Rehder (in Jugert, 1998)
SV: Sozialverhalten der Teilnehmer (Jugert et al., 2017) (SV)
LSL: Lehrereinschätzliste für Sozial- und Lernverhalten (LSL; Petermann & Petermann, 2013a). Diesem Fragebogen sind die entsprechenden Items zum Sozialverhalten entnommen und für eine Gesamtskala gemittelt.
N: Die Anzahl auswertbarer Fragebögen
M_iT1: Durchschnittliche Einschätzung der sozialen Kompetenz zu Beginn der Maßnahme
M_iT2: Durchschnittliche Einschätzung der sozialen Kompetenz nach der Teilnahme am Sozialtraining FIT FOR LIFE
MiT2-MiT1: Ausmaß der mittleren Verbesserung der trainierten Jugendlichen
ES: Standardisierter Mittelwertsunterschied als Effektstärke
Zur Gewährleistung der Vergleichbarkeit der dargestellten Mittelwerte wurden diese auf einen Prozentbetrag mit dem Wertebereich von 0..100 Prozent umgerechnet.

b Die über alle Berichte hinweg gemittelten Werte sind entsprechend der Anzahl an Teilnehmern der einzelnen Studien gewichtet.

Beachtlich ist die Anzahl von 551 Jugendlichen, die in den durchgeführten Evaluationsstudien miteinbezogen werden konnten. Auch die Veränderung von durchschnittlich 8,8 Prozentpunkten zeigt die Effektivität der durchführten Maßnahmen an.

2.8.7 Zusammenfassung

Die hier beschriebenen Ergebnisse von den oben beschriebenen Evaluationsstudien bestätigen eindrucksvoll die Effekte des Forschungsprojekts (Jugert et al., 2000).

Nahezu durchgängig melden die Teilnehmer zurück, dass sie schnell Spaß am Training gewannen, gute Erfahrungen damit sammelten sowie etwas Wesentliches für ihre Zukunft lernen konnten.

In allen Fällen konstatierten die Fremdbeobachter eine signifikante Verbesserung des Sozialverhaltens der Teilnehmer. In den meisten Fällen wurde dieses Ergebnis durch das Ausbleiben eines entsprechenden Fortschritts bei den Kontrollgruppen, die kein Training erfuhren, erhärtet.

Diese durchweg bedeutsamen Effekte wurden mit Hilfe unterschiedlicher Instrumente erfasst. Die Einschätzungen stammen von verschiedenen Personengruppen, aus zwei Kulturen und aus sehr unterschiedlichen Institutionen; die Teilnehmer waren Haupt- und Förderschüler, Jugendliche mit geistiger Behinderung, Berufsfachschüler (Berufsorientierung), junge Delinquente sowie junge Erwachsene des zweiten Bildungsweges (Erwachsenenschule). Damit hat sich das FIT FOR LIFE als ein breit gefächertes soziales Kompetenztraining, das sowohl primär- als auch sekundär-präventiv angelegt und einsetzbar ist, eindrucksvoll bewährt.

Mit den Erfahrungen aus den vorliegenden Untersuchungen konnten wir eine Reihe von Verbesserungen in den Evaluationsinstrumenten vornehmen. Diese werden in Kapitel 3.2.6 vorgestellt und sind als ausgearbeitete Fragebögen in Jugert et al. (2017) wiederzufinden.

3 Fortbildung zum Training sozialer Kompetenz

3.1 Ziele und Methoden

Eine Fortbildung zu einem Trainingsprogramm umfasst sowohl die zugrunde liegenden theoretischen Konzepte als auch die Vermittlung praktischer Kompetenzen, die benötigt werden, um die Inhalte in die Praxis umzusetzen. Damit werden zwei Ziele angesprochen, die weiter differenziert werden müssen. Zunächst geht es um die Aneignung der Grundlagen aus Lerntheorie und Jugendpsychologie, der Methoden des Trainings, des Trainingsaufbaus, des Trainerverhaltens sowie der Bereitschaft, das Trainingskonzept umzusetzen. Ähnlich differenziert stellen sich die Ziele im Handlungsbereich dar. Hier geht es unter anderem um die Arbeit mit Regeln, die Durchführung von Rollenspielen und Verhaltensübungen. Schließlich soll die Umsetzung der Module des Trainings einschließlich erforderlicher Modifikationen und Anpassungen beherrscht werden. In der folgenden Aufzählung wird eine Übersicht der Ziele der Fortbildung zum FIT FOR LIFE-Training sozialer Kompetenz gegeben.

Aus den Zielen der Fortbildung zum Training sozialer Kompetenz für Jugendliche ergeben sich Folgerungen für die Themen und Methoden der Fortbildung. Die Themen werden in Kapitel 3.2 dargestellt. Hier soll näher auf die Methoden, Sozialformen[2] und Medien einer Fortbildung eingegangen werden.

Die Teilnehmer der Fortbildung werden im Folgenden „Trainer" genannt, da sie die zukünftigen Trainer der Jugendlichen sind. Die Leiter der Fortbildung werden „Fortbildner" genannt.

Die Ziele der Fortbildung zum Training findet der Leser im folgenden grauen Kasten aufgeführt.

2 Die Sozialform bezeichnet die Vermittlungsform der Inhalte: Einzelarbeit, Gesamtgruppe, Kleingruppe, Partnerarbeit.

Ziele der Fortbildung zum Training sozialer Kompetenz

Grobziele	Feinziele
Aneignung des Trainings-konzeptes	Grundlagen des Trainings, bestehend aus • sozial-kognitiver Lerntheorie, • Modell der sozial-kognitiven Informationsverarbeitung, • entwicklungspsychologischen und • verhaltenstherapeutischen Konzepten. • Kenntnis von dem Aufbau und den Modulen des Trainings, • den Methoden des Trainings, • angemessenem Trainerverhalten und • Evaluationsmethoden.
Umsetzung in der Praxis	Bereitschaft, das Trainingskonzept umzusetzen. • Methoden des Trainings, • Trainingsstruktur und Sitzungsaufbau, • Trainerverhalten, das den Trainingszielen und -grundsätzen entspricht, • Fähigkeit, das Training an konkrete Zielgruppen und Settings anzupassen.

Über Fortbildungsveranstaltungen zum Training FIT FOR LIFE können Sie sich unter *www.bipp-bremen.de* informieren.

3.1.1 Zusammenhang von Theorie und Methoden

Die Methoden und Vorgehensweisen in dem Kompetenztraining basieren auf denen der Verhaltenstherapie. Wie in Kapitel 1 des Buches ausgeführt wurde, beruht die Verhaltenstherapie wiederum auf der Lerntheorie. Ausgehend von der Verhaltenstherapie wurden seit den siebziger Jahren des 20. Jahrhunderts Selbstsicherheitstrainings und wenig später Sozialtrainings entwickelt. Für die Qualifizierung eines Trainers sind Grundkenntnisse der zugrunde liegenden Theorien und Konzepte erforderlich. So ist zum Beispiel auf dem Hintergrund der sozial-kognitiven Lerntheorie ein Rollenspiel folgendermaßen aufgebaut: Es besteht aus dem Modellverhalten des Trainers und der präzisen Aufgabenstellung in der Vorbereitungsphase, der Durchführung mit Wiederholung und Rollenwechsel und der Auswertung mit Videofeedback, Verstärkung, emotionaler und kognitiver Reflexion sowie Transfer.

Der Vermittlung der Methoden des Kompetenztrainings und eines angemessenen Trainerverhaltens kommt in der Fortbildung absolute Priorität zu. Die Trainer erhalten Gelegenheit, Trainingseinheiten oder einen kompletten Trainingsvorschlag in der Fortbildung unter Anleitung zu planen und durchzuführen. Sie können mit den neuen Verhaltensweisen experimentieren und ihre methodische Kompetenz durch wiederholtes Anwenden optimieren. Durch gezieltes Üben gewinnen die Trainer zunehmend an Sicherheit und erhöhen ihre professionelle Selbstwirksamkeit. Das wiederholte Probehandeln, verbunden mit Rückmeldung durch Kollegen und Fortbildner, bietet die beste Gewähr dafür, dass die Methoden und Verhaltensweisen des Trainings effektiv und sicher erworben werden.

3.1.2 Methoden der Fortbildung

Im Übrigen werden bei der methodischen Gestaltung, bei der Wahl von Sozialformen sowie der Verwendung von Medien und Materialien die Erkenntnisse und Methoden der modernen Erwachsenenbildung berücksichtigt (Weidenmann, 2011). Zur Visualisierung sowohl der theoretischen als auch der methodischen Trainingsinhalte stehen in Jugert et al. (2017; → Kap. 3) Arbeitsblätter zur Verfügung. Bei der Erarbeitung von Themen sollte möglichst häufig vor dem Vortrag oder einer Einführung der Fortbildner ein Brainstorming und Metaplanarbeit als Methode gewählt werden. Über den allgemeinen Aktivierungseffekt hinaus haben Methodenkombinationen eine größere Gedächtnisleistung zur Folge, da die Informationen über mehrere Sinne gleichzeitig aufgenommen werden. Um die Trainer zu aktivieren, ist die Bearbeitung von Aufgaben auf der Grundlage der Arbeitsblätter aus Jugert et al. (2017) in Partner- oder Kleingruppenarbeit angezeigt. Fortbildungsübungen zu Methoden, Modulen und dem Trainerverhalten werden in Partner- oder Kleingruppenteams vorbereitet und in der Gesamtgruppe präsentiert und ausgewertet.

In der Einführung und Instruktion zu den Übungen ist wie beim Training zu beachten, dass das zu übende Verhalten bereits in dem Modellverhalten der Fortbildner sichtbar wird. Bei den Aufgaben für Partnerteams und Kleingruppen ist zu berücksichtigen, dass der Schwierigkeitsgrad nicht zu hoch angesetzt wird, und dass auch hier – wie im Training – der Grundsatz gilt: Vom Leichten zum Schweren. Da die Kenntnisse und Fertigkeiten der Trainer unterschiedlich sind, soll der Fortbildner dafür sorgen, dass auch in den Kleingruppen die gleichen Voraussetzungen gegeben sind. Bei der Bildung der Kleingruppen ist zu berücksichtigen, dass einerseits die Gruppen nicht zu groß sind (möglichst nicht mehr als vier Personen), da sonst die Übungsintensität abnimmt, und dass andererseits nicht zu viele Kleingruppen gebildet werden müssen, die nicht mehr ausreichend beraten werden können und dass zu viel Zeit für Präsentation und Auswertung benötigt wird. Während der *Planungsphase* sucht der Fortbildner die Kleingruppen auf, beobachtet ihre Arbeit, berät die Trainer und greift bei Bedarf korrigierend ein. In der *Präsentationsphase* stellen die Trainer ihr erarbeitetes Ergebnis in der Gesamtgruppe vor. Während der Präsentation einer Trainingseinheit durch einen Teil der Fortbildungsgruppe beobachtet der andere Teil der Fortbildungsgruppe die jeweilige Präsentation (Kanfer et al., 2012). Die folgende Übersicht zu Methoden, Modulen und Trainerverhalten listet die im Training verwendeten Methoden, Verhaltensweisen usw. auf und ordnet sie den handelnden Personen zu. Ein präzises Beobachten ist zunächst eine vorzügliche Übung für das Trainerverhalten.

Hinzu kommt in der *Auswertungsphase* das Feedback, durch das methodische Fertigkeiten korrigiert, ergänzt und optimiert werden. Die Feedbackregeln sollen vorher eingeübt sein, ebenso soll der Einsatz von Videoaufzeichnung und -wiedergabe mit der Gruppe geklärt sein. Im Kompetenztraining wird die Aufzeichnung von Rollenspielen und Verhaltensübungen durch die Videokamera befürwortet (Jugert et al., 2017; Petermann & Petermann, 2010). Die Verwendung der Videoaufzeichnung und der Wiedergabe in der Fortbildung ist zweifacher Art: Die Handhabung und den Einsatz des Gerätes lernt man nur durch seine Anwendung im Kontext. Das Erlernen von Methoden und professionellem Verhalten kann durch den Einsatz von Videofeedback intensiviert werden.

Wenn es sich bei den Präsentationen um einen Teil einer Trainingssitzung handelt, wird zunächst entschieden, wer Mitglied der Trainingsgruppe ist, die an der Durchführung teilnimmt. Die übrigen Trainer erhalten die Aufgabe, das Training zu beobachten. Einer der Trainer führt die Videokamera und zeichnet die Präsentation auf. In der folgenden Aufzeichnung wird die beschriebene Fortbildungsübung in übersichtlicher und strukturierter Form dargestellt.

Fortbildungsübung zu Methoden, Modulen, Trainerverhalten

Methode	Sozialform
Vorbereitungsphase • Aufgabenstellung • Modellverhalten • Materialliste erstellen • Kleingruppenbildung	Gesamtgruppe
Planungsphase • Durchführung eines Trainingsvorschlags planen • Beratung durch Fortbildner • Form des Feedbacks klären	Kleingruppe
Präsentationsphase • Verteilung der Rollen für – durchführenden Trainer – Trainingsgruppe – Bedienung des Videogerätes – Beobachter • Durchführung	Gesamtgruppe
Auswertungsphase • Stellungnahme des durchführenden Trainer: Kognitionen und Emotionen während der Durchführung; Selbsteinschätzung • Feedback der Trainingsgruppe • Feedback der Beobachter und Fortbildner • Wiedergabe von Ausschnitten der Videoaufzeichnung • Auswertung	Gesamtgruppe

3.1.3 Durchführung und Auswertung von Trainingssitzungen

Dieser Teil der Fortbildung ist ein Kernbestandteil und wird im Allgemeinen im zweiten Teil der Veranstaltung durchgeführt.

Planung

Kleingruppen bereiten in freier, zugleich jedoch verbindlicher Kooperation die Durchführung vor. Die Trainer suchen geeignete Arbeitsblätter aus dem Manual aus; sie bereiten weiteres benötigtes Material vor und verteilen unter sich, wer welchen Part oder welche Phase der Trainingssitzung selbstständig durchführt. Der Fortbildner besucht alle Kleingruppen, informiert sich über das Thema sowie über den Stand der Planung. Der Fortbildner berät die Trainer und korrigiert falls nötig Planungsfehler.

Präsentation

Vor der *Präsentation* ist darauf hinzuweisen, dass die Trainer bei Übungen und Rollenspielen keine Jugendlichen oder andere Personen spielen, sondern sich selbst und damit auch die bestmögliche Identifikation mit dem Trainingsgeschehen erreichen. Dieses Vorgehen hat sich in den meisten Fortbildungen bewährt. Zwar liegen die Argumente, die für eine Simulation sprechen, in einer grundsätzlich wünschenswerten Annäherung an die Realsituation. Die Erfahrung hat jedoch gezeigt, dass es für viele Trainer eine schwierige Aufgabe darstellt und dass es dabei leicht zu Rollenkonfusionen und Rollenbrüchen bzw. zu Chaos kommt, besonders wenn sehr schwierige Jugendliche gespielt werden. Das gefährdet den Strukturierungs- und Identifikationsprozess und damit den Trainings- oder Fortbildungserfolg.

Auswertung

Die Dauer der Präsentation ist abhängig von der Komplexität der zu übenden Methode. Während bei einer Feedbackübung zehn Minuten ausreichen, sind für die Präsentation eines gesamten Trainingsvorschlages eher 45 bis 60 Minuten angemessen. Hierbei ist es empfehlenswert, mit „Zeitraffern“ zu arbeiten (Grell & Grell 2010). Die durchführenden Trainer kürzen an passenden Stellen die Zeitdauer, die sie mit jugendlichen Teilnehmern normalerweise auf die jeweilige Phase verwenden würden. Eine passende Stelle kann zum Beispiel das Ausfüllen eines Arbeitsblattes sein, den die Trainer gewöhnlich schneller ausfüllen als eine Gruppe von Jugendlichen. Es sollte zuvor vereinbart werden, dass die durchführenden Trainer an den betreffenden Stellen die „Zeitraffer“ deutlich signalisieren. Die Trainer einer Kleingruppe können sich die verschiedenen Aufgaben aufteilen wie die Stimmungsrunde, Regeln,

Konzentrationsübung, Bearbeitung des Trainingsvorschlags, Auswertung und Abschlussrunde zu präsentieren.

Bei der Auswertung von praktischen Übungen gibt es einige grundsätzliche Dinge zu beachten. Während die Videoaufzeichnung zurückgespult wird, kann der Fortbildner bereits eine erste Feedbackrunde durchführen. Zu Beginn beschreiben die jeweils präsentierenden Trainer kurz, wie es ihnen während der Durchführung ergangen ist, das heißt, welche Emotionen und Kognitionen sie während der Trainingssitzung hatten. Zusätzlich geben sie an, inwiefern sie mit ihrer Durchführung zufrieden sind und wo sie Veränderungen vornehmen würden. Dies dient sowohl der Lösung von Anspannung als auch der Verbesserung der jeweiligen Techniken oder Methoden. Danach geben die Trainingsgruppe, die übrigen Trainer und die Fortbildner ein erstes kurzes Feedback. Es wird dann nach dem Votum der Trainer und der Fortbildner entschieden, welche Stellen der Videoaufzeichnung angeschaut und ausgewertet werden sollen. Die Wiedergabe der gesamten Videoaufzeichnung von etwa 45 Minuten nimmt zu viel Zeit in Anspruch. Außerdem ist die gezielte Auswertung einzelner Sequenzen effektiver. Bei der Wiedergabe einer Videosequenz wird nach dem gleichen Feedbackprinzip vorgegangen wie direkt nach der Durchführung der Präsentation. Die Fortbildner achten darauf, dass die Feedbackregeln eingehalten werden, und dass das Feedback für die Trainer konstruktiv ist und vor allem Alternativen und Verbesserungen beinhaltet.

3.1.4 Methodenwechsel

Auch wenn die Praxis des Trainings im Mittelpunkt der Fortbildung steht, sollte gleichwohl für einen Wechsel nicht nur der Themen, sondern auch der Methoden gesorgt werden. Das heißt klassische Seminarformen wie Vortrag und Diskussion sollten durch Visualisierungen, Brainstormings und Metaplanarbeit erweitert und angereichert werden. Die Sozialformen der Gesamtgruppe, der Einzel- oder Stillarbeit, der Partnerarbeit und der Kleingruppe sollten einander abwechseln, ebenso die Präsentationen der Ergebnisse in Vortrag, Thesen, Statements, Power-Point-Präsentation, Rollenspiel, Übung und Simulation. Hinzu kommen Varianten der Trainingsrituale wie zum Beispiel die Durchführung der Stimmungsrunde, die am Ende einer Trainingssitzung zugleich eine Feedbackrunde sein kann.

3.1.5 Zeitliche Gestaltung

Die Dauer der Fortbildung ist davon abhängig, ob die Trainer Kenntnisse in den theoretischen Grundlagen und in der Methodik sowie Erfahrungen in der Arbeit mit Jugendlichen bereits mitbringen. Ist dies der Fall, genügen für die gesamte Fortbildung 30 bis 40 Fortbildungsstunden. Für Personen, die solche Kenntnisse nicht besitzen, ist eine längere Fortbildung empfehlenswert.

3.1.6 Verteilung der Themen innerhalb der Fortbildung

Einige der theoretischen Grundlagen, die als Basis dem gesamten Training zugrundeliegen, sollten daher zu Beginn der Fortbildung behandelt werden. Das trifft insbesondere auf das Konzept der sozialen Kompetenz, das Modell der sozial-kognitiven Informationsverarbeitung und die sozial-kognitive Lerntheorie zu. Hierbei ist der Erwerb der sozialen Kompetenz das übergeordnete Ziel des Trainings. Aus dem Modell der sozial-kognitiven Informationsverarbeitung werden die meisten Einzelziele des Trainings abgeleitet. Auf der sozial-kognitiven Lerntheorie beruhen die Hauptmethoden des Trainings wie das strukturierte Rollenspiel und die Simulation sowie das Feedback nach den Feedbackregeln.

Von den Methoden und dem Trainerverhalten sind die Behandlung der Feedbackregeln und das strukturierte Rollenspiel an den Beginn der Fortbildung zu stellen. Das (konstruktive) Feedback ist einer der wichtigsten Teile der Methodik der Fortbildung wie des Trainings. Das Feedback ist direkt von der sozial-kognitiven Lerntheorie abgeleitet. Konstruktives Feedback gibt Orientierung, Motivation, Verstärkung sowie Verhaltenskorrektur. Das strukturierte Rollenspiel ist die zentrale Methode des Trainings und sollte daher so oft wie möglich geübt werden. Insgesamt ist der Behandlung praktischer Anteile das Hauptgewicht einzuräumen: Dazu gehört die Planung und Durchführung von Trainingsphasen und Trainingssitzungen sowie das Üben von Methoden und Trainerverhalten. Dennoch sollte in jeder Fortbildungssitzung auch ein theoretischer Aspekt behandelt werden, um zu erreichen, dass die praktischen Fertigkeiten theoretisch eingeordnet und untermauert werden können.

3.1.7 Gestaltung der Einführungssitzung der Fortbildung

Bei der Gestaltung der einzelnen Treffen ist für eine Variation hinsichtlich der Themen (Theorie und Praxis), Medien und Methoden zu sorgen. In jeder

Sitzung sollte die Trainingspraxis im Vordergrund stehen. Das bedeutet, den Trainern die Anleitungen, die Impulse und die Hilfsmittel an die Hand zu geben, mit denen sie möglichst selbstständig üben und arbeiten können.

Zu Beginn einer Fortbildungssitzung ist die Ein- und Durchführung eines Rituals empfehlenswert, das dem *Trainingsritual „Stimmungsrunde“* (→ Kapitel 2.4.3) nachgebildet sein kann. Dadurch wird das Arbeitsklima der Fortbildungsgruppe positiv beeinflusst. Jeder Trainer kann auf diese Weise eigene Erfahrungen mit dem Eröffnungsritual sammeln. Wünsche und Bedürfnisse in der Gruppe können zwanglos geäußert werden. In der ersten Sitzung einer Fortbildung erfolgt dies im Kontext der Vorstellungsrunde.

Auch wenn es selbstverständlich erscheint, empfiehlt es sich, zu Beginn der ersten Fortbildungssitzung einige *Arbeitsvereinbarungen* (Regeln) mit den Teilnehmern der Gruppe zu treffen:

- Pünktlichkeit,
- Vertraulichkeit,
- Verbindlichkeit,
- Freiwilligkeit.

Mit solchen und ähnlichen Arbeitsvereinbarungen wird die Arbeitsfähigkeit von Gruppen gefördert und aufrechterhalten.

Die Fortbildner sollte die *Ziele, Themen, Methoden und Medien der Fortbildung* den Trainern, unterstützt durch eine geeignete Visualisierung (PPT, Flipchart, Tafel, Wandzeitung usw.), vorstellen und erläutern. Dies entspricht einer in der Erwachsenenbildung angemessenen Transparenz, die zugleich die Motivation der Gruppenmitglieder fördert (Weidenmann, 2011; Petermann, 2013a).

Die *Erwartungen der Teilnehmer* sind zu Beginn der Fortbildung in Form eines schriftliches Brainstormings abzufragen. Dabei werden die Erwartungen zu Themen, Inhalten, Arbeitsweisen, Ergebnissen und zur Umsetzbarkeit in der Praxis auf Karteikarten geschrieben. Wegen der weiteren Verwendung wird auf eine Karte nur einen Aspekt in wenigen Stichworten geschrieben. Mit Hilfe der beschriebenen Karten wird anschließend ein Meta-Plan erstellt, der die Erwartungen der Gesamtgruppe widerspiegelt. Die einzelnen Erwartungen können von den Teilnehmern erläutert werden. Die Fortbildner nehmen zu den Erwartungen Stellung, bestätigen Erwartungen, zeigen konkrete Mitbestimmungsmöglichkeiten auf und relativieren unrealistische Erwartungen. Auch diese Übung schafft Transparenz und motiviert durch Aufzeigen konkreter Mitbestimmungsmöglichkeiten (Petermann et al., 2012). Mit der folgenden Auflistung wird der Aufbau einer Einführungssitzung der Fortbildung zusammengefasst.

Aufbau einer Einführungssitzung der Fortbildung

Thema	Methode	Medium
Trainingsritual „Stimmungsrunde"/ Vorstellung		
Arbeitsvereinbarungen: • Pünktlichkeit • Vertraulichkeit • Verbindlichkeit • Freiwilligkeit		
Ziele, Themen, Methoden und Medien des FIT FOR LIFE-Trainings und der Fortbildung	Vortrag	Präsentation mit PowerPoint Arbeitsblatt 1 „Ziele des Trainings" (Jugert et al., 2017)
Erwartungen der Trainer	Brain-writing Metaplan	
Konzept der sozialen Kompetenz	Vortrag Erarbeitung	Präsentation mit PowerPoint Arbeitsblatt 2 „Soziale Kompetenz" (Jugert et al., 2017)
Konzentrationsübung	Demonstration	
Feedbackübung	Demonstration	
	Übung in Teams	Videoaufzeichnung
	Auswertung in Gesamtgruppe	Videowiedergabe
Abschlussrunde Feedback zur Sitzung		

Als erstes theoretisches Thema bietet sich das *Konzept der sozialen Kompetenz* an, da es das übergeordnete Ziel des Trainings darstellt.

Als erste verhaltensbezogene Übung ist eine *Feedbackübung* besonders geeignet, da sie einerseits relativ einfach ist, andererseits die Methode des Feedbackgebens vielen einleuchtet, jedoch von wenigen praktiziert und beherrscht wird und daher immer wieder im Laufe der Fortbildung geübt werden muss (Fengler, 2009).

Die Fortbildner sollten häufig Gelegenheiten nutzen, *Konzentrationsübungen* mit den Trainern durchzuführen, um einen guten Übungseffekt zu erreichen. Besonders geeignete Zeitpunkte für die Durchführung sind: Der Beginn einer Fortbildungssitzung am frühen Nachmittag, nach einer Pause oder nach einer längeren Theoriephase. Dabei sollte eine gewisse methodische Variabilität gezeigt werden, damit die Trainer Anregungen für verschiedene Konzentrationsmethoden bekommen, ihre eigenen Reaktionen auf die Übungen kennen lernen und ebenso Hinweise erhalten, wann welche Konzentrationsübung passt. Es ist bekannt, dass die Techniken bei den einzelnen Teilnehmern unterschiedlich gut wirken und unterschiedliche Akzeptanz finden (Petermann & Vaitl, 2014). So ist bei einem Leistungstief am frühen Nachmittag ein aktives und dynamisches Konzentrationsverfahren wie die progressive Muskelentspannung eher indiziert als ein imaginatives Verfahren.

Das *Videofeedback*, das im Training eingesetzt und von den Autoren des vorliegenden Buches für unverzichtbar gehalten wird, sollte bereits am ersten Fortbildungstag eingeführt werden, um die Akzeptanz der Methode zu erhöhen. Die beschriebene Einführungssitzung wird in obiger Auflistung im Überblick wiedergegeben.

3.2 Themen und Module der Fortbildung

3.2.1 Theoretische Grundlagen des Trainings

Die Theorien, auf denen das Kompetenztraining basiert, wurden im 2. Kapitel bereits ausführlich dargestellt. An dieser Stelle wird beschrieben und begründet, welche Elemente und Komponenten der Theorien ausgewählt und in der Fortbildung behandelt werden. Grundsätzlich ist eine Beschränkung und Reduktion der Theorien derart vorgenommen worden, dass nur die Elemente und Aspekte in der Fortbildung dargestellt und erarbeitet werden, deren Zusammenhang mit dem Training nachvollziehbar ist.

Die Behandlung der theoretischen Grundlagen beginnt logischerweise mit den Zielen des Trainings. Hier ist das *Konzept der sozialen Kompetenz* von Bedeutung, mit dem sich das erste Kapitel des vorliegenden Buches beschäftigt. Als Grundlage werden den Trainern zwei Modellvorstellungen der sozialen Kompetenz angeboten. Das eine Modell besteht aus einem lernpsychologischen Kreislauf und wird in Abbildung 13 wiedergegeben. Das zweite Modell gibt die Komponenten der sozialen Kompetenz als Kontingenztableau wieder.

In Abbildung 13 werden die Komponenten wie soziale Fertigkeiten, soziale Einstellungen, soziale Situation und die sozial-kognitive Informationsverarbeitung in den (Umwelt-)Rahmen der Reaktionen anderer auf das soziale Verhalten des Subjekts gestellt. Die Wahrnehmung des eigenen Verhaltens sowie das soziale Feedback wirken (verstärkend oder abschwächend) auf die sozialen Fertigkeiten und Einstellungen der interagierenden Person zurück. In diesem Modell werden die Ansatzpunkte für ein Verhaltenstraining zur Förderung sozialer Fertigkeiten, sozialer Einstellungen sowie der sozial-kognitiven Informationsverarbeitung deutlich: Die Herbeiführung zu bewältigender sozialer Anforderungen und Aufgaben, Modellverhalten in sozialen Situationen, gezielte Verstärkung neuer sozialer Fertigkeiten, Diskriminationslernen, Verstärkung von Entwicklungsfortschritten.

Abbildung 13: Soziale Kompetenz I (nach Hinsch & Pfingsten, 2015)

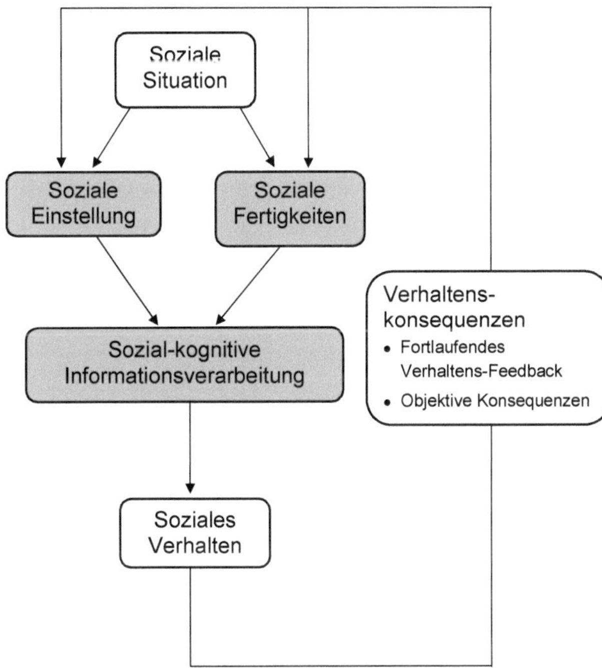

Für sozial kompetentes Verhalten werden eine Reihe von kognitiven Fähigkeiten und sozialen Fertigkeiten gefordert, deren Anzahl nicht festgelegt ist. Soziale Einstellungen und Werte der Person haben Einfluss darauf, welche der Fähigkeiten und Fertigkeiten wann eingesetzt werden. Es entscheidet sich jedoch erst in konkreten sozialen Situationen mit ihren Merkmalen und Anforderungen, wie sich eine Person tatsächlich verhält. Denn ein bestimmtes soziales Verhalten ergibt sich aus der individuellen und aktuellen sozial-kognitiven Informationsverarbeitung der jeweiligen Situation. Die wichtigsten Einflussfaktoren, die die soziale Kompetenz ausmachen, werden in folgender Aufstellung dargestellt.

Soziale Kompetenz II

Soziale, kognitive und emotionale Fähigkeiten und Fertigkeiten

- Genaue Wahrnehmung
- Erkennen von Gefühlen
- Einfühlungsvermögen (Empathie)
- Kommunikation
- Kooperation
- Selbstmanagement
- Realistische Selbsteinschätzung
- Sozialkompetente Konfliktlösung

Soziale Situation

- Herausforderung
- Aufgabe
- Komplexitätsgrad
- Attraktivität
- Belohnung
- Vertrautheit – Fremdheit

Soziale Einstellungen und Werte

- Respektieren einer jeden Person
- Die Würde jedes Menschen achten
- Gegenseitige Abhängigkeit aller Menschen
- Alle Menschen haben gleiche Rechte
- Die Menschen sind gleich und verschieden

Sozial-kognitive Informationsverarbeitung

- Wahrnehmung
- Interpretation
- Reaktionssuche
- Reaktionsbewertung und -auswahl
- Verhalten

Aus dem Modell der sozialen Kompetenz und dem der sozial-kognitiven Informationsverarbeitung sind die Zielsetzungen des Trainings abgeleitet worden wie sie in Kapitel 2.3 dargestellt sind.

Die sozial-kognitive Lerntheorie ist die zweite theoretische Basis des Trainings. Im Mittelpunkt der Behandlung stehen die vier Prozesse des sozial-kognitiven Lernens, wie sie in oben stehender Aufzählung und Anordnung schematisch dargestellt werden. Am Anfang des Lernprozesses steht die *Aufmerksamkeit*, die aus einer Wechselwirkung von Bedingungen der Reizsituation (z. B. Rollenspiel im Training) mit inneren Merkmalen des Lernenden resultiert. Inwiefern die Inhalte der Reizsituation vom *Gedächtnis* gespeichert werden, hängt davon ab, ob die Verschlüsselung der Information durch Symbole, durch eine innere Repräsentation und durch symbolische Wiederholung unterstützt wird. Das Umsetzen des kognitiv Aufgenommenen in *Verhalten* ist von körperlichen Fähigkeiten und der Kenntnis und Verfügbarkeit von Teilhandlungen abhängig und wird durch Rückmeldung von außen und innen unterstützt. Im Prozess der *Motivation* ist das sozial-kognitive Lernen von Verstärkung abhängig, die nicht nur in äußerer, direkter Verstärkung besteht, sondern auch in stellvertretender und Selbstverstärkung.

Sozial-kognitive Lerntheorie
(Bandura, 1994)

Aufmerksamkeit

Merkmale der Lernsituation:

- Auslösen von Betroffenheit
- Komplexität
- Bedeutsamkeit

Merkmale des Lernenden:

- Wahrnehmungsfähigkeit
- Wahrnehmungshaltung
- Aktiviertheit
- Motivation durch erfahrene Verstärkung

Gedächtnis

Wird unterstützt durch:

- Symbolische Verschlüsselung
- Innere Repräsentation
- (Symbolische) Wiederholung

Verhalten ausführen

- Körperliche Fähigkeiten
- Verfügbarkeit der Teilhandlungen
- Feedback durch Selbstbeobachtung und durch Außenstehende

Motivation

- Äußere, direkte Verstärkung
- Stellvertretende Verstärkung
- Selbstverstärkung

Das psychologische *Modell der sozial-kognitiven Informationsverarbeitung* wird in der Fortbildung in Beziehung gesetzt zu sozial kompetentem Verhalten einerseits und zu symptomatischem Verhalten bei Verhaltensstörungen andererseits. Aus der Erarbeitung des Modells werden aggressive, apathische und ängstliche Reaktionsweisen Jugendlicher erklärbar und damit der gezielten Förderung zugänglich.

In der Vorbereitung auf das Kompetenztraining wird der Tatsache, dass es sich um ein Training für Jugendliche handelt, Rechnung getragen. Von den möglichen Zugängen wurde das Konzept der *Entwicklungsaufgaben*, ein Modell der Entstehung und Aufrechterhaltung *aggressiver Verhaltensmuster* und die Beschreibung des Scheiterns bei Entwicklungsaufgaben durch den Begriff der *Scheinkompetenz* gewählt.

Das in Kapitel 2.1.3 beschriebene Modell der Entwicklungsaufgaben markiert den Fähigkeits- und Fertigkeitsbereich, auf den ein Training sozialer Kompetenz für Jugendliche zielt. Davon ausgehend kann mit den Trainern reflektiert werden, was den Jugendlichen ihrer jeweiligen Institutionen in dieser Hinsicht noch fehlt und wo ihre Ressourcen liegen.

Da die meisten Trainer die Ursachen von Lern- und Entwicklungsverzögerungen und Verhaltensstörungen verstehen möchten, ist dem in der Entwicklung der Fortbildungsmaterialien Rechnung getragen worden. In Anlehnung an Olweus (2006) ist ein Schaubild *Kreislauf der Gewalt* entwickelt worden, durch das die Entstehung und Aufrechterhaltung von aggressiven

Verhaltensmustern illustriert wird (→ Abb. 3, Kapitel 2.1.3). Ebenso wird Bezug genommen auf die Entstehung und Aufrechterhaltung von depressivem Verhalten und von Folgestörungen von erlittenen Traumata, in Anlehnung an Huber (Huber, 2003). Dieses Thema findet in der Jugendhilfe zunehmend an Bedeutung, da viele junge Menschen an einem Entwicklungstrauma leiden und sich manche Verhaltensauffälligkeit dadurch erklärt.

Einen weiteren wichtigen Aspekt stellt das Konzept der *Scheinkompetenzen* im Kontext der Bewältigung von Entwicklungsaufgaben dar. Ein Jugendlicher, der beim Erwerb kognitiver und sozialer Fähigkeiten und Fertigkeiten überwiegend Misserfolge erzielt, wird seine Aktivitäten auf andere Bereiche verlagern, in denen er leichter Bestätigung erlangen kann. So entwickeln sich relativ stabile, jedoch scheinbare Kompetenzen, die den Übergang in die Erwachsenenrolle erschweren, wenn nicht verhindern (→Abb. 2, Kapitel 2.1.3).

3.2.2 Trainingsmethoden

Auf das Erlernen der Trainingsmethoden ist große Sorgfalt und Anstrengung zu verwenden. Eine gute Beherrschung der Methoden setzt voraus, dass die Trainer sie selbst als positiv und wirksam erfahren haben. Daraus wird das allgemeine Prinzip der Fortbildung abgeleitet, dass sich die Trainingsmethoden in den Fortbildungsmethoden widerspiegeln sollen (→ Kapitel 3.1).

Methoden des Trainings

- Strukturiertes Rollenspiel
- Verhaltensübung
- Verhaltensübung in der Realsituation (mit Beobachtungsbogen)
- Verhaltensregeln
- Trainingsrituale und Warm up
- Konzentrationsübung

Folgerichtig beginnt die Erarbeitung der Hauptmethode des Trainings, des *strukturierten Rollenspiels*, damit, dass die Trainer die Aufgabe erhalten, eine berufliche Situation im Rollenspiel nachzuspielen, um anschließend alternative Verhaltensweisen zu erarbeiten. In dieser Übung setzen sich die Trainer selbst der Situation aus, in der sich die Teilnehmer eines Kompetenztrainings häufig befinden. Das trägt außerdem dazu bei, den Nutzen des Warm ups zu erfahren, die notwendige Zeit für Vorbereitungen einschätzen zu können, die Beanspruchung im Spiel kennen zu lernen und den Widerstand gegen die Verbalisierung von Erfahrungen im Rollenspiel besser nachvollziehen zu können. In einem weiteren Schritt wird das Rollenspiel im Trainingskontext geübt. Die Trainer führen zunächst im Team, später auch alleine Rollenspiele aus dem Trainingsprogramm durch, erhalten gezieltes und konstruktives Feedback durch Kollegen und die Fortbildner und können so ihre fachlich-methodische Kompetenz verbessern.

Die Trainingsmethode der Verhaltensübung dient der Einübung von Teilfertigkeiten der sozialen Kompetenz, etwa „Gutes Zuhören" oder „Ich- statt Du-Sätze verwenden". Das Ziel solcher Kompetenz wird erläutert, die Fertigkeit werden demonstriert sowie mit Hilfe von Arbeitsblättern aus dem Manual praktisch geübt.

Die Trainingsmethode *Verhaltensübung in der Realsituation*, mit der ein Transfer der Trainingsinhalte in die Lebenssituation gefördert wird, steht in enger Verbindung zum Rollenspiel. Wenn der Trainer feststellt, dass einzelne Teilnehmer oder auch ein Großteil der Gruppe Schwierigkeiten bei der Umsetzung der im Rollenspiel geübten Verhaltensweisen in der Realität haben, soll er sie mit Beispielen (Modellverhalten) dazu motivieren und zur Unterstützung den Beobachtungsbogen einsetzen.

Neben der Bearbeitung der Module ist die Arbeit mit *Verhaltensregeln* eine wichtige Trainingsmethode. Auch hier erleben die Trainer zunächst, dass in der Fortbildung einige Regeln vorgegeben, andere mit ihnen gemeinsam erarbeitet werden. Bei dem gemeinsamen Erarbeiten von Verhaltensregeln als *Gruppenregeln* werden die allgemeinen Merkmale von Verhaltensregeln und die Schritte der Erarbeitung eingeübt. Der Transfer auf die Realsituation soll reflektiert werden (→ Kapitel 2.4.1).

Die individuelle Entsprechung der Gruppenregel ist die *persönliche Regel.* Die Trainer stellen für sich Ziele zur individuellen Verhaltensänderung auf, die sie unter Anleitung und Beratung mit Hilfe von Beobachtungsbögen und Rückmeldung angehen. Diese Methode wird im Selbstversuch durchgeführt und kann in der Fortbildungsgruppe ausgewertet werden.

Weitere Methoden des Trainings sind die Trainingsrituale, das Warm up und die Konzentrationsübung. Mit den *Trainingsritualen* werden die Trainer im Laufe der Fortbildungssitzungen vertraut gemacht. Die Funktionen der Rituale im Kompetenztraining werden explizit reflektiert. Es werden die Signalkarten und ihre Verwendung eingeführt. Die Trainer haben Gelegenheit, Trainingsrituale in der Fortbildungsgruppe durchzuführen und Feedback zu erhalten. Analog verfährt man bei der Vermittlung des *Warm up*, das der kognitiven, emotionalen und motorischen Vorbereitung auf ein Rollenspiel dient.

Die Durchführung von *Konzentrationsübungen* sollte sorgfältig vorbereitet werden. Die Trainer bekommen verschiedene Konzentrationsübungen zu verschiedenen Tageszeiten angeboten. Da sich die progressive Muskelentspannung nach Jacobson (1990) für Jugendliche als besonders geeignet erwiesen hat, wird diese Methode zur Einübung empfohlen. Auch hier gilt, dass die Trainer eine solche Methode selbst erlebt und mehrmals unter Kontrolle durchgeführt und dabei Feedback erhalten haben.

Die Übersicht der Methoden des Trainings wird in der folgenden Aufzählung gegeben.

3.2.3 Basisverhalten der Trainer

Neben der Beherrschung der Methoden ist das Basisverhalten der Trainer entscheidend für ihre Modellwirkung und somit wesentlich für das Ausmaß des Erfolges eines sozialen Kompetenztrainings.

Die Kompetenz zur Gesprächsführung wird bei den Trainern vorausgesetzt. Zusätzlich sind es in diesem Rahmen drei Komponenten des Trainerverhaltens, die in der Fortbildung theoretisch begründet und praktisch geübt werden:

- Den Teilnehmern eines Kompetenztrainings gezieltes, konstruktives *Feedback* und damit ausreichend Verstärkungen und bei Bedarf Korrektur zu geben (vgl. Kapitel 2.5.2),
- die Verhaltensweisen zu kennen und zu verwirklichen, durch die *Vertrauen* zu den Teilnehmern aufgebaut wird, und
- die Teilnehmer für das Training zu *motivieren.*

Das Trainerverhalten „Feedback geben“ wird durch Übungen zur Selbsterfahrung vermittelt. Nebenbei wird das „Entgegennehmen von Feedback“ in gleicher Weise geübt. Die nächste Stufe der Übung besteht in der Vorgabe bestimmter Merkmale für das zu erteilende Feedback. Im weiteren Verlauf des Übens von Feedback wird neben der Erweiterung der Feedbackmerkmale die Komplexität der sozialen Situation erhöht, in der Verhalten beobachtet und durch Feedback gewürdigt wird. Über die speziellen Übungen zum Feedback-Verhalten hinaus wird diese Komponente des Trainerverhaltens während der gesamten Fortbildung trainiert, indem nach jeder Präsentation eines Trainingsbestandteils eine Rückmeldung gemäß den Feedbackregeln gegeben wird. Es wird immer wieder über Funktion und Wirksamkeit, Angemessenheit und Notwendigkeit von Feedback reflektiert.

Grundlegend für die Aspekte des Trainerverhaltens zu Vertrauensaufbau und Motivierung ist die Erkenntnis,

- dass ein Training nur dann gelingt, wenn die Jugendlichen für die Teilnahme am Training motiviert sind,
- vor der Motivierung der Aufbau von Vertrauen zwischen Teilnehmern und Trainern liegt, und

- die Voraussetzung zur Kooperation geschaffen ist, wenn also die Trainer Vertrauen zu den Jugendlichen aufgebaut haben (→ Kapitel 2.5.1).

Die Kooperation der Teilnehmer kann weitgehend mit der Motivation zur Teilnahme am Training gleichgesetzt werden. Die Aspekte der Motivierung gehen jedoch weiter und zielen auf die Aufrechterhaltung und Stabilisierung der Motivation, um eine individuelle Weiterentwicklung zu garantieren. In der Fortbildung werden der Vertrauensaufbau und die Motivierung mit Hilfe von Arbeitsblättern intensiv reflektiert. In zahlreichen Übungen erhalten die Trainer Feedback und damit Bestätigung oder Änderungsvorschläge.

3.2.4 Trainingsmodule

Die Präsentation der Trainingsmodule bilden den Kern der Fortbildung, auf den alle anderen Bestandteile hin ausgerichtet sind. Die Ziele dieses Bereiches sind die Folgenden:

- Die Trainer sollen die Module und ihre Vorschläge aus Jugert et al. (2017) inhaltlich kennen lernen.
- Die Trainer lernen den Aufbau einer Trainingssitzung kennen (Kapitel 2.4.5).
- Die Trainer planen einzelne Module und führen sie selbstständig durch.

Die Module des Trainingsprogramms FIT FOR LIFE sind in Jugert et al. (2017) vollständig enthalten und in Kapitel 2.6 des vorliegenden Buches zusammenfassend beschrieben. In der Fortbildung werden Trainingsvorschläge des Manuals zu zweit oder dritt vorbereitet und der Gesamtgruppe als Simulation einer Trainingssitzung präsentiert (→ Fortbildungsübung Kapitel 3.1). Mit der Einbeziehung anderer Komponenten des Trainings (wie Regeln und Entspannung) kann den Trainern dann auch die Aufgabe gestellt werden, eine gesamte Trainingssitzung zu präsentieren.

3.2.5 Anpassung des Trainings

In der Praxis des Kompetenztrainings ist es stets erforderlich, die Inhalte des Programms jeweils neu an eine Trainingsgruppe[3] anzupassen, da deren Voraussetzungen unterschiedlich sind. Die Trainingsgruppen können in einiger

3 Unter Trainingsgruppe verstehen wir eine Kleingruppe Jugendlicher, die am Kompetenztraining teilnimmt.

Hinsicht variieren: Alter, Geschlecht, Bildungsgrad, Beherrschung der deutschen Sprache, kultureller Hintergrund, Temperament und Verhaltensauffälligkeiten.

In der Fortbildungsübung werden die folgenden Fragen bearbeitet, zunächst in Einzelarbeit, dann auch im Team:

- Was zeichnet die Jugendlichen aus, mit denen Sie arbeiten?
- Über welche Ressourcen verfügen diese Jugendlichen?
- Welche Risiken haben sie aus Ihrer Sicht?
- Welche Schwerpunkte würden Sie im Training setzen?
- Welche inhaltlichen Veränderungen würden Sie vornehmen?

Die Vorschläge der Teams werden ausgetauscht, diskutiert und reflektiert. In der Praxis ist es sinnvoll, vor Beginn des Trainings möglichst viele Informationen über die Trainingsgruppe einzuholen, um die Anpassung des Trainingsprogramms optimal zu gestalten.

3.3 Maßnahmen zur Sicherung der Qualität des Trainings

Dieser Abschnitt stellt innerhalb des Kapitels „Fortbildung" eine Besonderheit dar. Das Knowhow, das der Trainer durch das Unterkapitel 3.3.1 zur Evaluation erwirbt, befähigt ihn dazu, die Effekte des Trainings zu ermitteln, um sich und andere einerseits der Qualität der Durchführung zu versichern, oder um daraus zu ersehen, wo es noch Anpassungen bedarf.

In der „Supervision" treffen sich die Kollegen, um ihre Fertigkeiten zu verbessern und anstehende Probleme mit dem Training zu lösen. Diese Aktivitäten finden weitgehend nicht im Training selbst statt. Die Vervollkommnung der professionellen Fähigkeiten der Trainer sollen zu einer Verbesserung der Vermittlung der sozialen Kompetenz bei den Jugendlichen führen.

Das Unterkapitel 3.3.3 zur Implementierung wird in der Fortbildung kurz behandelt. Sie hat das Ziel, das Training sozialer Kompetenz durch gezielte Informationen, Diskussionen, Vorträge, Workshops und Abstimmungen bekannt zu machen und ihm in der Institution einen festen Platz zu geben. Allen drei Konzepten ist gemein, das Training sozialer Kompetenz zusätzlich zu fördern:

- Die Evaluation ermöglicht es, die Effekte des Trainings objektiv zu erfassen.
- Die Supervision ist prädestiniert, die professionellen Fähigkeiten der Trainer zu fördern.

- Die Implementierung zielt darauf ab, das soziale Kompetenztraining in der Institution zu einem festen Bestandteil zu machen und es dauerhaft fortzuführen.

3.3.1 Evaluation des Trainings

Bei der Evaluation sollen die Effekte des FIT FOR LIFE-Trainings überprüft werden. Wir sind überzeugt, dass möglichst alle Trainings evaluiert werden sollten. Ein gutes Feedback ist bereits eine Vorform der Evaluation. Es führt zur Bestätigung und Verbesserung des eigenen Vorgehens und dient damit der Qualitätskontrolle. Gleichzeitig bringt die Evaluation eine objektive Grundlage für Argumente, das Kompetenztraining in der Praxis einzuführen und beizubehalten. Damit die Trainingsevaluation praktikabel wird, möchten wir die Durchführung und Auswertung so einfach und zeitsparend wie möglich machen.

Evaluationen werden vorzugsweise und mit hohem Aufwand im Rahmen von Forschungsprojekten durchgeführt, so wie auch unsere Evaluation (Ergebnisse werden in Kapitel 2.8 präsentiert) im Rahmen eines Forschungsprojektes bei mehreren Bildungsinstituten durchgeführt wurde. Nun ist es unsere Aufgabe, Ergebnisse, Erfahrungen und Produkte unserer Bemühungen mit dem Training FIT FOR LIFE an zukünftige Trainer weiterzugeben und diese zu motivieren, Evaluationen ihrer Praxis vorzunehmen.

Wir stellen uns vor, dass nicht nur Trainer, sondern auch Studierende und Wissenschaftler an unseren Vorschlägen zur Evaluation des Trainings interessiert sind. Daher reicht die Bandbreite der im Folgenden beschriebenen Verfahren von leicht anwendbaren bis zu komplexen wissenschaftlichen Methoden. Als Literaturhinweis seien dem interessierten Leser der Sammelband „Evaluation psychologischer Interventionsmaßnahmen“ von Hager, Patry und Brezing (2000) nahegelegt, da hier evaluationsrelevante Fragen erörtert werden, die nicht nur Forscher, sondern vor allem auch Pädagogen, Erziehungsberater und Schulpsychologen ansprechen sollen. Wer sich eher einen theoretischen Überblick verschaffen möchte, kann hierzu das „Lehrbuch der Evaluation“ von Wottawa und Thierau (2003) zur Hand nehmen. Vor allem mit der Problematik der Datenauswertung beschäftigen sich Bücher wie zum Beispiel „SPSS 23 Einführung in die moderne Datenanalyse“ von Bühl (2016) und „Statistik am PC“ von Monka, Schöneck und Voss (2008). SPSS ist ein an den Universitäten weit verbreitetes Programm zur Dateneingabe und Auswertung mit sehr vielen Anwendungsmöglichkeiten. Das zweite Buch bringt Hilfen für die Dateneingabe und Auswertung speziell mit dem Programm „Excel“ von Microsoft Office. Für den Anwendungsbereich statistischer Datenauswertung liegen die Möglichkeiten mit Excel weit hinter denen, die SPSS bietet. Allerdings reichen sie für einfache Auswertungen aus, zudem sind viele PCs bereits mit der Excel-Software versehen und viele Anwender mit diesem Programm, durch die Arbeit mit Word, vertraut. Mehr für den studentischen Gebrauch ausgerichtet ist das Buch von Döring und Bortz (2016). Es ist gut verständlich geschrieben. Ansonsten steht den Interessierten jederzeit noch die weitere Recherche mit den Stichworten „Evaluation" und „Veränderungsmessung" offen.

Allgemeines Ziel der Trainings sozialer Kompetenz (s. a. Kapitel 2.3) ist es, dass sozial erwünschte Verhaltensweisen (wie z. B. gutes Zuhören, Wünsche äußern, gemeinsam mit anderen etwas unternehmen) auf Dauer und in allen sozialen Bereichen öfter gezeigt werden und sozial unerwünschte Verhaltensweisen (wie z.B. schlagen, beschimpfen, sich zurückziehen) entsprechend seltener. Mit der Evaluation wird nun versucht, auf möglichst objektivem Weg diese Zielerreichung zu kontrollieren.

Was muss vor der Evaluation geklärt werden?

- Welches Ziel, welcher Effekt des Trainings soll geprüft werden?
  - Beobachtbares Verhalten
  - Veränderung in den Einstellungen des Jugendlichen
  - Erfolge bei Aufgaben, die in der Zukunft liegen

- In welchem Rahmen soll die Beobachtung durchgeführt werden?
  - Während einer simulierten Rollenspielsituation
  - Verhalten während der Trainingssitzungen
  - Verhalten außerhalb der Trainingssitzungen
  - Verhalten außerhalb der Trainingssitzungen in Situationen, die zuvor nicht direkt geübt wurden (Transfer)

- Welche Evaluationsinstrumente werden verwendet?
  - Interview
  - Fragebögen
- Welcher Personenkreis wird befragt?
  - Jugendliche
  - Trainer
  - Co-Trainer
  - Kollegen, Eltern und andere Bezugspersonen

- Zu welchem Zeitpunkt der Trainingsphase wird befragt?
  - Nachher
  - Vorher und Nachher

- Zusätzlich noch zu einem weiteren Termin einige Monate nach dem Ende des Trainings (Follow up)
- Permanent (bzw. öfter) während der Trainingsphase (Prozessbeobachtung)

- Welches Evaluationsdesign soll gewählt werden?
  - Kontrollgruppe
  - Vergleichsgruppe
  - Wartegruppe

Die hier aufgestellten Fragen werden im Folgenden diskutiert.

Welches Ziel, welcher Effekt des Trainings soll geprüft werden?

Hier geht es um die Auseinandersetzung mit dem Gegenstand der Evaluation. Welche Veränderungen im Vergleich zu den nicht-trainierten Jugendlichen sollen den Erfolg deutlich machen. Eine Orientierung kann man sich durch die definierten Ziele (siehe Kapitel 2.3) verschaffen.

Durch *Beobachtung des Verhaltens* des Jugendlichen kann zum Beispiel überprüft werden, ob das aggressive Verhalten der Jugendlichen reduziert wurde. Hier kann ein *Rollenspiel inszeniert* und das Verhalten des Jugendlichen auf Video festgehalten und ausgewertet werden (siehe z.B. Fydrich & Bürgener, 2005). Damit kann ein gewisser Grad an Objektivität erreicht werden, denn die Jugendlichen können alle in derselben inszenierten sozialen Situation beobachtet werden. Die Beobachtung kann von neutralen Beobachtern durchgeführt werden. In der Praxis wird dies nicht immer zu realisieren sein, da der Einsatz eines neutralen Beobachters einen zusätzlichen Personal- und Zeitbedarf bedeutet. Die Beobachtung kann aber auch durch einen Co-Trainer oder den Trainer selbst durchgeführt werden. Hier kann eine gewisse Objektivierung erfolgen, indem die Beobachtung durch Ort und Zeit festgehalten wird. Die Häufigkeit des Auftretens des klar beschriebenen Verhaltens kann zum Beispiel mit Strichlisten dokumentiert werden. Der Zeitaufwand, aber auch der Grad der Objektivität verringert sich, wenn stattdessen ein mit der Beobachtung entstandener subjektiver Eindruck vom Jugendlichen festgehalten wird. Es wird dann zum Beispiel nicht mehr die Häufigkeit der Beobachtung von verbal aggressivem Verhalten festgehalten, sondern die subjektive Einschätzung der verbalen Aggressivität. Dies ist auch der Weg, den wir aus pragmatischen Gesichtspunkten, die Ökonomie der Datenerhebung betreffend, empfehlen.

Ein anderer Zugang stellt die Suche nach einer *Veränderung in den Einstellungen* des Jugendlichen dar. Zu Bedenken ist hierbei, dass grundlegende Einstellungsänderungen langsam erfolgen und auch die Erfassung schwieriger ist. Aus den aufgestellten Trainingszielen und den zugrunde liegenden Theorien (→ Kapitel 2) leiten wir ab, dass langfristig eine grundlegende Einstellungsänderung bei den Jugendlichen stattfindet. So ist es ein wesentliches Ziel des Trainings, eine Erhöhung im Erleben von Selbstwirksamkeit und eine Verbesserung des Selbstkonzeptes zu erreichen. Im Rahmen unseres Projektes wurde versucht, dies über Selbsteinschätzungen zu erfassen. Dazu wurde auf erprobte und bewährte Verfahren von Harter (1988) zurückgegriffen. Die dort berichteten Gütekriterien der Daten konnten bei weitem nicht erreicht werden. Allerdings wurde der Fragebogen auch nicht identisch übernommen, da lediglich eine Auswahl von Items aus einigen der Subskalen verwendet wurde. Insofern kann dies nicht als ein Versagen der Skalen von Harter betrachtet werden. Als Konsequenz haben wir gänzlich auf die Selbstbeschreibung der Jugendlichen verzichtet.

Ein eher in der Zukunft liegender Aspekt der Beobachtung könnte das *Erreichen bestimmter Ziele auf dem weiteren Lebensweg* der Jugendlichen sein. Hier könnte versucht werden, weiteren Kontakt mit den Jugendlichen aufrechtzuerhalten, um zu erfahren, ob sie einen Ausbildungsplatz erhalten, ob sie die Ausbildung zum Abschluss bringen, ob sie eine Arbeit bekommen, wie lange sie auf der Arbeitsstelle bleiben und wie gut sie dort mit den Kollegen klarkommen. Wie entwickelt sich ihre Zukunft im Hinblick auf Zufriedenheit, Wohlbefinden, Aufbau eines sozialen Umfeldes? So wünschenswert die Beobachtung dieser Aspekte ist, so bleibt doch das Problem der schwierigen und aufwendigen Umsetzung.

In welchem Rahmen soll die Beobachtung durchgeführt werden?

Im vorigen Textabschnitt wurde bereits ausführlich auf das *strukturierte Rollenspiel* eingegangen, um Beobachtungen auf der Basis einer Videoaufzeichnung durchzuführen. Die Jugendlichen können aber auch von den Trainern aufgrund der Beobachtungen *in den Trainingssitzungen* eingeschätzt werden. Da die Trainer die Jugendlichen in ihrer Trainingsgruppe über einen längeren Zeitraum hinweg beobachten, können sie sich ein umfassendes Bild der Jugendlichen machen. Allerdings befinden sich die Jugendlichen während der Trainingssitzungen in einer künstlichen (geschützten) Welt, wo sie eher bereit sind, neue Verhaltensweisen auszuprobieren. Dies bringt aber noch nicht die Sicherheit, dass dieses Verhalten auch außerhalb der Trainingsstunden gezeigt wird. Hierzu bietet sich die Beobachtung des Verhaltens der Jugendlichen *außerhalb der Trainingssitzungen* an. Dazu müssen dann wieder geeignete Beobachter gefunden werden. In unseren Studien stellten wir fest, dass die Einschätzungen von Lehrkräften sich von denen der Trainer unterscheiden. Der in unserer Untersuchung gefundene Zusammenhang verschiedener Einschätzungen (z. B. des gezeigten aggressiven Verhaltens) der Lehrer und Trainer lag bei Null (gemessen über eine Interraterkorrelation). Dies ist teilweise durch den unterschiedlichen Beobachtungskontext mit bedingt (vgl. Döpfner & Petermann, 2012). Langfristig sollten sich aber auch in Situationen außerhalb der Trainingssitzung Änderungen zeigen, auch wenn diese zunächst weniger ersichtlich sind. Aus diesem Grund sind *Beobachtungen in Alltagssituationen* wesentlich für die Kontrolle des langfristigen Erfolges und des Transfers. Diese Beobachtungen sind weitaus schwieriger durchzuführen und im Ausmaß sicher geringer als in den zuvor beschriebenen Situationen.

Welche Evaluationsinstrumente werden verwendet?

Eine direkte Möglichkeit der Kontrolle des Trainingserfolges ergibt sich im *Interview* mit den trainierten Jugendlichen und anderen daran beteiligten Personen (Co-Trainer, Kollegen). Hierzu bietet es sich an, eine Liste von relevanten Fragen zu erstellen, die während der Gespräche beantwortet werden sollen. Eine grobe Orientierung kann der Trainer mit dem von uns erstellten Fragebogen aus den Rückmeldungen der Jugendlichen entnehmen. Interessant sind immer die Antworten zu offenen Fragen. Um eine systematische Sammlung dieser Gesprächsnotizen zu unterstützen, haben wir im Manual von Jugert et al. (2017) eine entsprechende Vorlage entwickelt. Hierzu ist keine weitere quantitative Auswertung der Ergebnisse vorgesehen.

Eine objektive Möglichkeit der Evaluation des Trainings bieten *Fragebögen*, in denen Fragen vorformuliert sind. Hier kann eine einfache Auswertung erfolgen, nachdem die Antworten in numerische Werte transformiert wurden.

Welcher Personenkreis soll befragt werden?

Grundsätzlich ist es besser, wenn von möglichst vielen Seiten Informationen zur Evaluation eingeholt werden. Hier bieten sich zuerst die *Jugendlichen* an, die selbst am Training teilnehmen. Diese können Fragen zu eigenen Veränderungen, vor allem in den trainierten Verhaltensbereichen beantworten. Einschränkend sei hier auf die Ergebnisse in Kapitel 2.8 verwiesen. Hier berichten wir von eigenen Studien, in denen wir feststellen mussten, dass die von uns erhobenen Daten qualitative Zweifel aufwarfen. Wir konnten diese Fragebögen zu den Selbstaussagen der Jugendlichen nicht grundsätzlich weiterempfehlen. Trotzdem können Jugendliche Fragen dazu, wie sie das Training und die Trainer erlebt haben, durchaus beantworten. Hierzu haben wir keine Bedenken bezüglich der Antwortqualitäten.

Besonders relevant sind die Angaben der *Trainer* zu den Jugendlichen, die an ihrem Training teilgenommen haben. Trotz der Einschränkungen aus dem Wunsch der Trainer heraus, Erfolg zu sehen und eventuell dem Wunsch, vor den Kollegen mit guten Ergebnissen zu glänzen, erwarten wir mit diesen Daten die korrekten Ergebnisse zur Evaluation. Auch wir haben uns im Rahmen unseres Projektes auf die Einschätzung der Trainer verlassen. Wir nehmen an, dass die fehlende Neutralität nicht zu sehr verfälschend wirkt, zusammen mit dem Vorteil, dass keine weiteren Personen einbezogen werden müssen. Diesen pragmatischen Weg, trotz aller Gefahren der Verzerrung der Daten, empfehlen wir auch allen Trainern, die nicht auf weitere Unterstützung zurückgreifen können. Auch wird der Trainer am ehesten dazu bereit sein, sich die Mühe der Datenerhebung zu machen. Weniger Bedenken bezüglich der Verfälschung der Ergebnisse treten im Zusammenhang mit einem *Co-Trainer* oder Beobachter auf, der entweder des Öfteren an den Trainings beteiligt war oder Videobänder auswerten kann. Hier können Daten zu den Jugendlichen, zum Trainer und zum Training gewonnen werden.

Weitere Daten können durch andere *Kollegen* erhoben werden, die auch mit den fraglichen Jugendlichen zu tun haben. Einschränkend sei auch hier auf Kapitel 2.8 verwiesen. Hier berichten wir Ergebnisse unserer Studie, in denen wir feststellten, dass sich die Angaben der Lehrkräfte teilweise sehr von denen der Trainer unterscheiden. Die Lehrkräfte machten ihre Erfahrungen und Beobachtungen mit den Jugendlichen im Klassenraum, die Trainer hauptsächlich während der Trainings. Hier würde es sich anbieten, dass die unterschiedlichen Personen die Jugendlichen aufgrund einer Videoaufnahme aus dem Training einschätzen. Zum Beispiel während eines strukturierten Rollenspieles, bei dem alle Jugendlichen eine vergleichbare Aufgabe erhalten.

Zu welchem Zeitpunkt der Trainingsphase wird befragt?

Der Informationsgewinn ist größer, wenn Einschätzungen mehrmals abgegeben werden. Dies kann so weit gehen, dass nach jeder Trainingssitzung Daten erhoben werden. Damit kann der *Trainingsprozess* ausreichend abgebildet werden.

Wird der momentane Zustand der Jugendlichen erfasst, so kann dieser mit Normwerten, persönlichen Erfahrungswerten anderer Gruppen oder einer Kontrollgruppe verglichen werden. Da der individuelle Effekt von dem Zustand der Jugendlichen vor dem Training abhängt, bietet sich eine Datenerhebung *vor und nach dem Training* an. Damit kann aufgrund der individuellen Differenz der Werte Vorher und Nachher die Veränderung festgestellt werden. Dies ist ein gängiges Verfahren, das wir auch empfehlen. Eine Diskussion über mögliche Fehler beim Vergleich von Vorher und Nachher und nützliche Hinweise zum Umgang mit auftretenden Problemen kann Steyer, Hannöver, Telser und Kriebel (1997) entnommen werden.

Einige Monate nach dem Ende des Trainings können noch einmal Daten von den Jugendlichen erfasst werden. Damit kann erfasst werden, wie stabil die Veränderungen Monate nach der Beendigung des Trainings sind. Dies ergibt sich direkt aus dem Wunsch nach einer dauerhaften Veränderung. Hier folgen wiederum gewisse Einschränkungen, da nicht immer ein langfristiger Kontakt zu den Jugendlichen aufrecht erhalten werden kann. Zu erwarten ist ein gewisser Rückgang im Ausmaß des Trainingseffektes. Langfristig ist das Training nur wirksam, wenn dieser Effekt nicht so weit abnimmt, dass kein Unterschied mehr zu Vergleichsgruppen festzustellen ist.

Welches Design soll gewählt werden?

Um die Qualität des Trainingserfolges einschätzen zu können, ist ein *Vergleich mit anderen Gruppen* notwendig. Um zu sehen, ob nicht irgendwelche Ursachen, die man nicht kennt, wie zum Beispiel der Zeiteffekt, oder die Reifung des Jugendlichen diesen Effekt bewirkt haben, werden die Werte der trainierten Gruppe, mit den Werten einer *untrainierten Gruppe, der Kontrollgruppe,* verglichen. Hierbei ist zu beachten, dass die beiden Gruppen möglichst identische Voraussetzungen bieten. Da nicht immer klar ist, welche Voraussetzungen bedeutsam sind, werden die Jugendlichen wenn möglich per Zufall entweder der Trainings- oder der Kontrollgruppe zugewiesen. Man spricht dann von einem Kontrollgruppendesign. Sollen alle zur Verfügung stehenden Gruppen trainiert werden, so kann man ein *Wartegruppendesign* verwenden. Hierbei werden die Jugendlichen wieder per Zufall zwei Gruppen zugewiesen. Die eine Gruppe beginnt mit dem Training, die andere wird in dieser Zeit zur Kontrollgruppe. Erst nachdem die erste Gruppe das Training beendet hat, werden für beide Gruppen die Daten erhoben und danach die zweite Gruppe trainiert.

In der pharmakologischen Forschung kennt man den Placeboeffekt. Hier hat es sich gezeigt, dass die Vergabe einer Tablette ohne Wirkstoffe auch einen Effekt hat. Ein Medikament muss also besser sein als das Placebo. Im Trainingsbereich bedeutet dies, dass eine Gruppe, die etwas Besonderes macht, positive Effekte zumindest kurzfristig erzielen wird. Daraus ergibt sich die Forderung, dass die Kontrollgruppe auch etwas Besonderes machen sollte, das dem Trainingsprogramm möglichst ähnlich ist, aber nicht auf die speziellen Trainingseffekte abzielt. Das könnten Diskussionsgruppen, Theatergruppen oder andere Projektgruppen sein. Eine harte Prüfung für das zu evaluierende Trainingsprogramm ist dann gegeben, wenn die Kontrollgruppe ein Konkurrenztraining durchführt und dieses Konkurrenztraining ähnliche Ziele anstrebt.

Vorstellung der Fragebögen zur Evaluation des Trainings

In Jugert et al. (2017) ist ein Arbeitsbogen abgedruckt, mit dem Gedanken und Gespräche aufgezeichnet werden können, und wir bieten drei Fragebögen zur quantitativen Evaluation an. Ein Fragebogen soll vom Jugendlichen selbst ausgefüllt werden. Der betrifft die Rückmeldung zum Training FIT FOR LIFE, zum Trainer und zu einigen ausgewählten Inhalten des Trainings. Die beiden anderen werden von Fremdbeobachtern ausgefüllt. Das können Trainer, Co-Trainer oder Kollegen sein, das kann auch ein externer neutraler Beobachter sein. Wir empfehlen, einen Vor- und einen Nachtest und wenn irgend möglich einen zusätzlichen Nachtest (Follow up) einige Monate nach dem Ende des Trainings, durchzuführen. Zusätzlich sollte eine Vergleichs- oder Kontrollgruppe mit dabei sein.

Die in Jugert et al. (2017) empfohlenen und als Kopiervorlagen bereits vorbereiteten Fragebögen werden im Folgenden kurz beschrieben.

Der Trainer füllt für die Jugendlichen aus ihrer Gruppe den *Fragebogen zur Erfassung des Sozialverhaltens der Jugendlichen* aus, der folgende Items präsentiert:

- Aufmerksamkeit
- Einfühlungsvermögen (Empathie)
- Kommunikationsfähigkeit
- Kooperationsfähigkeit
- Überwinden von Misserfolgen
- Umgang mit Gefühlen
- Umgang mit Kritik
- Aggressivität gegen Sachen
- Initiativlosigkeit
- Hilflosigkeit
- Pessimismus
- Unsicherheit
- Verbale Aggressivität
- Zurückgezogenheit

Einsatz der Fragebögen mit dem von uns empfohlenen Untersuchungsplan

Zeitpunkt	Experimentalgruppe	Kontrollgruppe
Vor dem Training (Prätest)	Fragebogen zur Erfassung des Sozialverhaltens der Jugendlichen	Fragebogen zur Erfassung des Sozialverhaltens der Jugendlichen
Trainingszeit	Durchführung des Trainings FIT FOR LIFE	Kein oder ein Alternativtraining wird durchgeführt
Nach dem Training (Posttest)	Fragebogen zur Erfassung des Sozialverhaltens der Jugendlichen Fragebogen zur Mitarbeit der Jugendlichen im Training FIT FOR LIFE Rückmeldebogen zu den FIT FOR LIFE-Sitzungen	Fragebogen zur Erfassung des Sozialverhaltens der Jugendlichen
Einige Monate nach dem Training (Follow up)	Fragebogen zur Erfassung des Sozialverhaltens der Jugendlichen	Fragebogen zur Erfassung des Sozialverhaltens der Jugendlichen

Der Trainer (Beobachter) wird gebeten, anzugeben, wie er zum Zeitpunkt der Datenerhebung die Jugendliche bezüglich der aufgelisteten Eigenheiten einschätzt. Hierbei wird die Antwort durch Ankreuzen auf einer siebenstufigen Ratingskala festgehalten. Die Kästchen für die Antworten sind mit den Ziffern Null bis Sechs bezeichnet. Dem ersten Kästchen mit der Ziffer „0“ ist der Text „Null“ zugeordnet, dem letzten Kästchen mit der Ziffer „6“ der Text „Total“, die Kästchen dazwischen bekommen neben der Ziffer keine weitere Zuordnung.

Zusätzlich wird möglichst ein weiterer Beobachter hinzugenommen, der dann zu allen Jugendlichen der Experimental- und der Kontrollgruppe diesen Fragebogen ausfüllt.

Der Trainer füllt zusätzlich zu allen Jugendlichen seiner Trainingsgruppe den *Fragebogen zur Mitarbeit der Jugendlichen im Training FIT FOR LIFE* aus. Dieser enthält folgende Items:

- Aktive Beteiligung an den Diskussionen
- Aktive Beteiligung an den Spielen/Übungen
- Anwesenheit
- Aufmerksamkeit in der Trainingsstunde
- Einbringen eigener Ideen

- Einhalten der Gruppenregeln
- Kooperation mit den anderen Jugendlichen
- Kooperation mit dem Trainer
- Stören des Trainings

Die angesprochene Verhaltensweise soll mit dem Ausmaß ihrer Häufigkeit für alle Jugendlichen auf einer siebenstufigen Ratingskala eingeschätzt werden.

Im *Rückmeldebogen zu den FIT FOR LIFE-Sitzungen* werden dem Jugendlichen folgende Fragen präsentiert:

- Mir hat FIT FOR LIFE gefallen.
- Mit unserem Trainer war ich zufrieden.
- Mir war klar, was ich durch die Übungen und Rollenspiele bei FIT FOR LIFE lernen sollte.
- Ich nehme meine eigenen Gefühle nun besser wahr.
- Ich achte nun auch besser auf die Gefühle der anderen.
- Ich habe gelernt, mit anderen Menschen besser zu reden.
- FIT FOR LIFE war mir eine echte Hilfe, mich auf das Berufsleben vorzubereiten.

Die Jugendlichen werden aufgefordert, zu jedem Satz mit einem Kreuz anzugeben, inwieweit sie diesem Satz zustimmen. Für die Angabe der Höhe der Zustimmung wählten wir eine siebenstufige Ratingskala.

Für jeden Fragebogen enthält das Manual von Jugert et al. (2017) einen Auswertungsbogen, in den die Antworten der Fragebögen (d.h. die Ziffern von Null bis Sechs) zu allen Jugendlichen übertragen werden. Falls eine entsprechende Software zur Datenanalyse (z.B. SPSS, EXCEL) vorhanden ist, werden die Daten direkt dort eingegeben. Für die Auswertung der Daten kann sich der Evaluator an der unteren Aufstellung über Auswertungsmöglichkeiten orientieren. Steht Statistiksoftware zur Verfügung, so können die Skalenwerte (Summe über die Werte zu den einzelnen Fragen einer Skala) mit Hilfe des Programms berechnet werden. Es können nun Ergebnistabellen wie Häufigkeitstabellen, Mittelwertsvergleiche und Korrelationsberechnungen erstellt werden.

Wer sich mit den in angesprochenen einfachen Verfahren der Evaluation nicht zufrieden geben möchte, dem sei die gründliche Lektüre der oben angesprochenen Bücher für weitere Anregungen empfohlen. Ein feineres Verfahren zur Messung einer intraindividuellen Veränderung mit Hilfe von Strukturgleichungsmodellen kann Steyer, Eid und Schwenkmezger (1997) entnommen werden. Zusätzlich finden sich in Kapitel 1.5 Beispiele für Fragebögen, die sich für eine Evaluation eignen.

Auswertungsmöglichkeiten zur Evaluation

Fragebogen	Auswertungsmöglichkeiten
Rückmeldebogen zu den FIT FOR LIFE-Sitzungen	• Zu jeder Frage auszählen, wie oft die Kategorie verwendet wurde. • Summe über alle Einzelwerte bilden und zwischen den Jugendlichen vergleichen. • Verteilung (Mittelwert, Standardabweichung) der Summenwerte zwischen Trainingsgruppen vergleichen.
Sozialverhalten der Jugendlichen	• Zu jeder Frage auszählen, wie oft die Kategorie verwendet wurde. • Summe über die Werte der positiven Eigenschaften (1-7) und Summe über die Werte der negativen Eigenschaften (8-14) bilden und zwischen den Jugendlichen vergleichen. • Verteilung (Mittelwert, Standardabweichung) der Summenwerte zwischen Trainingsgruppen vergleichen. • Vergleich der Summenwerte vom Vortest zum Nachtest. Auszählen, bei wie vielen Jugendlichen eine Verbesserung, kein Unterschied und eine Verschlechterung festzustellen ist. Mittelwertsvergleiche mit Signifikanzberechnungen. • Vergleich der Ergebnisse zur Kontrollgruppe. Wie viele Verbesserungen, Verschlechterungen gibt es im Vergleich zur Experimentalgruppe (trainierte Jugendliche). Mittelwertsvergleiche, Varianzanalyse mit Messwiederholung.
Mitarbeit der Jugendlichen	• Zu jeder Frage auszählen, wie oft die Kategorie verwendet wurde. • Summe über alle Einzelwerte bilden und zwischen den Jugendlichen vergleichen. • Verteilung (Mittelwert, Standardabweichung) der Summenwerte zwischen Trainingsgruppen vergleichen. • Für jeden Jugendlichen den Zusammenhang zwischen der Mitarbeit und dem Sozialverhalten betrachten. • Korrelation der Mitarbeit (Summe der Einzelwerte) mit der Änderung im Sozialverhalten (Differenz der Werte von Prä- und Posttest) berechnen.

3.3.2 Supervision oder Praxisbegleitung

Die Supervision zielt auf eine methodische Reflexion der professionellen Praxis. Sie dient

- der Professionalisierung der Mitarbeiter; sie soll im Einzelnen
- die fachliche Reflexion anleiten, die sich auf
- das berufliche Handeln im engeren Sinne und auf
- die Kommunikation und Kooperation in der Institution bezieht. Sie soll im Ganzen
- die persönlichen Ressourcen stärken und
- die Arbeitsvorgänge auf der institutionellen Ebene verbessern (nach Petermann, 1995; 1997).

Die meisten der hier genannten Zielsetzungen von Supervision konnten im Rahmen eines mehrjährigen Modellversuchs empirisch bestätigt werden (Jugert, 1998). Über die allgemeinen Funktionen hinaus weisen verschiedene Autoren der Supervision noch *spezifische Aufgabenstellungen* zu (nach Petermann, 1997):

- Wahrnehmen, verstehen und lösen von Problemen der Supervisanden (nach Weigand, 1995, S. 90),
- Praxisanleitung im Sinne von trainieren, informieren, klären, anleiten und helfen (vgl. Belardi, 1994, S. 108),
- systematische Anregung und Anleitung zur Selbstreflexion und Selbstkontrolle (Pallasch, 2002).

Für diese Zwecke wurde der Aufgabenkatalog um die folgende spezifische Aufgabe dieser Supervision im Rahmen des FIT FOR LIFE erweitert: Eine neu erworbene berufliche Kompetenz wird in ihrer Anwendung überprüft und reflektiert, um die Weiterentwicklung der einzelnen Mitarbeiter und ihrer Institution zu fördern.

Während in der Therapieausbildung die Kontrolle der programmgemäßen Anwendung durch Supervision im Vordergrund steht (Hautzinger, 2013), ist es im vorliegenden Falle neben der Selbstkontrolle vor allem die Unterstützung und Bestätigung der Anwender. Selbst wenn man nicht so grundsätzlich wie Kanfer et al. (2012, S. 536) das Ziel von Supervision darin sieht, „den Ausbildungskandidaten zu beruflich bedeutsamen positiven *Verhaltensänderungen* zu motivieren," geht es in der Supervision, die die Anwendung einer beruflich bedeutsamen neuen Konzeption begleitet, zugleich auch um eine kognitive *und* Verhaltensänderung, die zu motivieren und zu verstärken ist.

Vielfach hat sich gezeigt, dass nach einer institutionsinternen Fortbildung die Mitarbeiter ein neues Konzept langfristig nur dann in ihr methodisches Repertoire übernehmen und die Institution es nur dann als Regelmaßnahme implementiert, wenn eine durch Supervision begleitete Praxisphase folgte (Belardi, 1994; Mutzeck, 2014; Pallasch & Reimers, 1995). An diesem empirischen Faktum wird die motivierende, unterstützende und aktivierende Funktion der Supervision besonders deutlich (vgl. auch Schlee & Mutzeck, 1996).

Von den verschiedenen Formen der Supervision kommt hier die Gruppensupervision, bei der konkrete Situationen, merkwürdige Erlebnisse und Fälle aus der Praxis vorgestellt und besprochen werden, am ehesten in Frage. Es wird später noch darauf eingegangen, inwiefern auch die kollegiale Supervision, ebenfalls eine Gruppensupervision mit Fallbesprechung jedoch ohne externen Supervisor, für eine Praxisbegleitung des Kompetenztrainings in Betracht gezogen werden kann.

Aus der Vielfalt der Supervisionsmodelle, die unterschiedlichen theoretischen Konzepten verpflichtet oder von ihnen abgeleitet sind, ein für die Praxisbegleitung des Kompetenztrainings geeignetes auszuwählen, ist nicht so schwer, wie es auf den ersten Blick scheint. Im Grunde kommt jedes Supervisionskonzept in Frage, das lösungsorientiert ist, und das trifft für die allermeisten Modelle zu (Jugert, 1998). Die Praxisbegleitung eines neuen Konzeptes soll dem Trainer nicht nur Erhellung bei der Analyse von Irritationen, Fehlern und Missverständnissen anbieten, sondern auch Hilfen bei der Lösung offener Fragen und anstehender Probleme.

Für sehr geeignet halten die Autoren das Supervisionsmodell, das wie das Training selbst ausdrücklich auf die sozial-kognitive Lerntheorie bezogen ist: Die kollegiale Supervision auf sozial-kognitiver Basis von Rotering-Steinberg (1985, 1995, 1996). Rotering-Steinberg führt aus, dass die Fallbesprechung in ihrem Konzept derart strukturiert ist, dass sowohl durch Modelllernen als auch durch direkte Unterweisung und durch Feedback aus der Gruppe kognitive Umstrukturierung und Verhaltensänderung stattfindet. Jedes Gruppenmitglied lernt nicht nur, wenn es selber einen Fall vorstellt, sondern auch „stellvertretend", wenn ein anderes Gruppenmitglied über seine Probleme berichtet. Durch die Feedbacks aus der Gruppe erhalten die Mitglieder Hinweise auf die Angemessenheit ihrer Handlungsweisen. Häufigere positive oder negative Reaktionen vermögen die Selbstbewertungen und spezifischen Einstellungen zu ändern. Aus Selbstregulierungsprozessen resultieren unter anderem neue Selbstbewertungen und alternative Verhaltensweisen, die auch die Zufriedenheit mit der eigenen Kompetenz erhöhen (Rotering-Steinberg, 1995; 1996). Neben diesem lerntheoretischen Wirkungsmodell, das dem des vorliegenden Kompetenztrainings sehr nahe kommt, hat dieses Supervisionskonzept einen weiteren Vorteil: Es ist als eine kollegiale Supervision konzipiert und vielfach erprobt. Mit anderen Worten, nach einer relativ kurzen Phase der Anleitung und Einübung (sechs bis acht Sitzungen) kann eine Gruppe von Kollegen den Leitfaden zur Kollegialen Supervision von Rotering-Steinberg eigenständig, ohne externen Supervisor, umsetzen und Fallbesprechungen durchführen (Rotering-Steinberg, 1995; 1996).

Die klare Abfolge von Schritten in der Struktur der Fallbesprechung sieht einen Wechsel in den Aktivitäten der Supervisanden und der Gruppe vor:

- In der *1. Phase* kann der Supervisand ungestört innerhalb einer bestimmten Zeit einen Fall darstellen. Zum Schluss beschreibt er, mit welchem Interesse er das Problem in die Supervisionssitzung einbringt und was er sich von der Besprechung in der Kollegengruppe erhofft.
- In der *2. Phase* sind Nachfragen der Gruppenmitglieder zu den Daten der Falldarstellung erwünscht, nicht jedoch Fragen, die auf eine Analyse oder Lösung des Falles zielen.
- Die *3. Phase* sieht ein Brainstorming zu Hypothesen zur Erklärung des Interaktionsproblems vor. Hier ist sehr genau auf die Einhaltung der Regeln zum Brainstorming[4] zu achten.
- In der *4. Phase* haben die Verfasser aus eigenen Erfahrungen mit dem Leitfaden eine Ergänzung vorgenommen: Stellungnahme des Berichtenden zu den in der 3. Phase geäußerten Hypothesen der Kollegen. Das Fehlen dieser Komponente in dem Leitfaden von Rotering-Steinberg ist nach Überzeugung der Verfasser ein Mangel (vgl. auch Hegeler, 1997, S. 60; Jugert, Tänzer, Verbeek & Wiest, 1997, S. 69). Der von der Autorin unter der 4. Phase genannte Punkt entfällt in den meisten Fällen.
- In der *5. Phase* haben die Gruppenmitglieder die Hauptlast zu tragen, jedoch kann sich der Supervisand an diesem kollegialen Erfahrungsaustausch beteiligen. Die Vorschläge der Gruppenmitglieder werden von dem Supervisanden eingeschätzt, gewichtet und bewertet im Hinblick auf seine persönliche Brauchbarkeit und Akzeptanz. In dieser Phase kann auch ein Verhaltensvorschlag in Rollenspielform konkretisiert und ausprobiert werden.
- In der *6. Phase* wird die Fallbesprechung von den Gruppenmitgliedern bewertet, indem sie ihre Gedanken, Ideen und Gefühle dazu äußern.

4 Keine Kritik an einer von Kollegen geäußerten Hypothese!

Leitfaden zur Kollegialen Supervision
(modifiziert nach Rotering-Steinberg, 1995)

1. Phase: (5-10 Min.)	*Falldarstellung* Folgende Orientierungsdaten sollten über die Problempartner gegeben werden: • Alter, Geschlecht • Rahmenbedingungen/Institution • Dauer und Art der Beziehung • Interaktionsprobleme Am Ende der Falldarstellung äußert der Supervisand: • Fragen, Wünsche, Gefühle, Klärungsabsichten
2. Phase: (2-3 Min.)	*Fragen der Kollegengruppe zur Falldarstellung*
3. Phase: (5-10 Min.)	*Situationsanalyse, Hypothesenbildung (Brainstorming)*
4. Phase: (5-10 Min.)	*Stellungnahme des Supervisanden zu den Hypothesen (3. Phase) Beschreibung und Begründung bereits realisierter oder beabsichtigter Handlungen (einschließlich Konsequenzen)*
5. Phase: (5-10 Min.)	*Kollegialer Erfahrungsaustausch, Formulierung von Handlungsalternativen* (gegebenenfalls Erprobung im Rollenspiel)
6. Phase: (5 Min.)	*Rückmeldungen der Berichtenden und der Gruppe zur Fallbesprechung:* • Gefühle, Gedanken, Ideen, Bewertungen

Eine Fallbesprechungsdauer von 45 bis 60 Minuten kann bei einer expertengeleiteten Supervision fast immer eingehalten werden. Kollegiale Supervisionsgruppen erreichen dasselbe nach einer gewissen Anleitung und Einübung (Fengler, 1997; Rotering-Steinberg, 1995).

Außer Fallbesprechungen sollen folgende Inhalte in der Praxisbegleitung berücksichtigt werden: Berichte über das bisher durchgeführte Training, einschließlich Nachfragen und anschließender kurzer Besprechung, Diskussionen über Themen, die von den Teilnehmern vorgeschlagen werden, Bearbeitung von Modulen, methodische Übungen, wenn die Teilnehmer das wünschen, Erfahrungsaustausch über institutionelle Einflüsse auf das Training.

Reaktionen von Trainern, die nach der Fortbildung in dem Kompetenztraining an der Supervision nach dem beschriebenen Konzept teilgenommen haben, können, nach Schwerpunkten gruppiert, so wiedergegeben werden:

- „Ich hätte nie gedacht, dass man in so kurzer Zeit so vielfältige Sichtweisen und Handlungsmöglichkeiten zu einem Fall bekommt!“

- „Ursprünglich habe ich gedacht, nur ich hätte Probleme mit diesen Gruppen. Ich bin sehr erleichtert, dass es anderen auch so geht, und dass ich hier immer wieder Hinweise dafür bekomme, wie es doch geht."
- „Erst durch die ausführliche und ungestörte Besprechung meiner Fälle und anderer merke ich genauer, was im Training anders abläuft als im normalen Unterricht."
- „Durch die unterschiedlichen Perspektiven aller Kollegen wird mir erst richtig klar, was die Trainingsmethoden bei den Jugendlichen bewirken. Das bestätigt mich total!"

Es empfiehlt sich, die erstmalige Durchführung des Trainings FIT FOR LIFE – in der Regel dauert es vier bis sechs Monate bei einer Frequenz von einmal pro Woche – durch Supervision zu begleiten. Bewährt hat sich eine Supervision alle zwei Wochen von je zwei Stunden. Ideal ist dabei der Einsatz der Fortbildner auch als Supervisor, da sie das Training kennen und auch fachlich am sichersten und kompetentesten reagieren können.

Sollte es keine Möglichkeit geben, eine externe Supervision/Praxisbegleitung in Anspruch zu nehmen, wird an dieser Stelle auf die Möglichkeit der kollegialen Supervision verwiesen, die am Anfang des Abschnitts bereits erwähnt wurde. Rotering-Steinberg (1995) hat ein Selbsttrainingsmanual zur Etablierung einer kollegialen Supervision von Lehrkräften entwickelt und erprobt (Rotering-Steinberg, 1985; 1995; 1996), das es erlaubt, sich in einigen Wochen die Kenntnisse und Fertigkeiten anzueignen, die nötig sind, um mit ihrem Leitfaden zur kollegialen Supervision zuverlässig, effizient und kollegial zu arbeiten.

3.3.3 Implementierung in die Institution

Mehrere Dinge fallen auf, wenn man konzeptuelle Innovationen in Institutionen der Bildung und Ausbildung betrachtet. Wenn einzelne Mitarbeiter neue curriculare oder konzeptuelle Innovationen in ihre eigene Praxis zu integrieren versuchen, geben sie diese Neuerungen häufig nach kurzer Zeit wieder auf oder praktizieren sie in einer verdünnten oder abgeschwächten Form.

Hatte sich das Reforminteresse im pädagogischen Bereich früher vornehmlich auf die Entwicklung des Curriculums und Reform des Unterrichts sowie die Ausbildung als Ganzes gerichtet, ist jetzt eine Hinwendung zur Entwicklung der Institution mit dem Schwerpunkt Entwicklung der Selbst- und Sozialkompetenz der Mitarbeiter zu beobachten (Bastian, 1997; Reimers, 2000).

Bei der Einführung des Trainingsprogramms sozialer Kompetenz für Jugendliche FIT FOR LIFE sollten sowohl der personale als auch der institutionelle Faktor gebührend beachtet werden (Verbeek & Petermann, 1999).

Wenn beispielsweise die Leitung einer Institution die Absicht hat, das Kompetenztraining einzuführen oder zu erproben, beginnt der Einbettungsprozess des Programms mit der Information aller Mitglieder der Institution über das geplante Projekt. Dies sollte nicht nur in schriftlicher Form geschehen, sondern möglichst auch durch Veranstaltungen, zu denen die Experten eingeladen werden können, und auf denen die Mitarbeiter und andere Betroffene sich informieren, aber auch Bedenken, Zweifel und Einwände vorbringen können. Wenn es Gruppen außerhalb der Institution gibt, die an der Ausbildung der Jugendlichen ein Interesse haben, zum Beispiel Eltern, Vertreter von Ämtern, Arbeitgebern, sollten diese ebenfalls ausführlich über das Vorhaben informiert werden.

Optimal ist es, wenn die Leitung und Mitarbeiterschaft sowie andere mitentscheidende Gremien der Institution gemeinsam die Erprobung des FIT FOR LIFE-Trainings beschließen. Von einer Planungsgruppe, an der alle relevanten Gruppen beteiligt sein sollen, wird der Stundenumfang des Sozialtrainings für genau definierte Gruppen bzw. Altersklassen, die Evaluation und die personelle Ausstattung festgelegt. Die Mitarbeiter der Institution, die das Kompetenztraining durchführen, besuchen eine Fortbildung. Die Leitung der Institution sollte eine Entlastungsregelung für den Mehraufwand der Mitarbeiter durch Fortbildung, Einarbeitung und Supervision/Praxisbegleitung vorsehen.

Die ausgebildeten Mitarbeiter führen in einer festgelegten Erprobungszeit (in der Regel vier bis sechs Monate einmal wöchentlich 90 Minuten) das Training durch und nehmen während dieser Zeit an einer Supervision/Praxisbegleitung teil. Es wird nach Möglichkeit eine Evaluation des FIT FOR LIFE-Trainings durchgeführt (→ Kapitel 3.3.1).

Die Ergebnisse der Evaluation und die Erfahrungen mit der Durchführung und Supervision/Praxisbegleitung werden von den Trainern und der Leitung der Institution ausgewertet. Die Ergebnisse, Erfahrungen und Konsequenzen des Kompetenztrainings werden allen Gruppen und Gremien der Institution sowie externen Interessengruppen wie Eltern, Arbeitgebern oder Ämtern vorgestellt. Damit sind die Voraussetzungen gegeben, dass das Beschlussorgan der Institution über die Implementierung des Kompetenztrainings entscheidet. Es ist für eine Institution im Sinne einer Qualitätskontrolle und Qualitätssicherung wünschenswert, von Zeit zu Zeit erneut eine Evaluation des Kompetenztrainings durchzuführen und die Trainer-Kompetenz der Mitarbeiter durch Fortbildung und Supervision aufzufrischen.

Ob das FIT FOR LIFE-Training die Hürden des Implementierungsprozesses in einer Institution oder in einem Projekt erfolgreich überwindet, liegt also sowohl an seiner Attraktivität und Effizienz als auch an der Innovationsbereitschaft, Entschlossenheit und Umsicht der Leitung und der Mitarbeiter der Institution.

Verzeichnis der Abbildungen, Kästen und Tabellen

Abbildungen

Kästen

Tabellen

Literatur

Ahrens, S. & Töngel, F. (2002). Training Sozialer Kompetenz FIT FOR LIFE mit benachteiligten Erwachsenen. Anpassung, Durchführung, Evaluation. Bremen: Unveröffentlichte Diplomarbeit.

Aronson, E., Wilson, T. D. Akert, R. M. (2004). Sozialpsychologie. München: Pearson. 4. Auflage.

Bandura, A. (1986). Social foundation of thought and actions: A social cognitive theory. Englewood Cliffs: Prentice Hall.

Bandura, A. (1994). Self efficacy. The exercise of control. New York: Freeman.

Barnow, S. (2012). Emotionsregulation und Psychopathologie: Ein Überblick. Psychologische Rundschau, 63, 111–124.

Bartels, R. & Gathen, B. (2000). Ein Training des Arbeits und Sozialverhaltens mit zwei neunten Hauptschulklassen im ländlichen Raum – Evaluation und Modifikation eines außerschulischen Förderprogrammes in zwei Hauptschulklassen. Bremen: Unveröffentlichte Diplomarbeit.

Bastian, J. (1997). Pädagogische Schulentwicklung. Von der Unterrichtsreform zur Entwicklung der Einzelschule. Pädagogik, 2, 6–11.

Bauer, M. (1999). Modellierungsmethoden in der Verhaltenstherapie. Regensburg: Roderer.

Bayer, M., Ditton H. & Wohlkinger, F. (2012). Konzeption und Messung sozialer Kompetenz im Nationalen Bildungspanel (NEPS Working Paper No. 8). Bamberg: Otto – Friedrich – Universität, Nationales Bildungspanel.

Belardi, N. (1994). Supervision in den USA – heute. Organisationsberatung, Supervision, Clinical Management, 1, 107–121.

Berkovits, L. D. & Baker, B. L. (2014). Emotion dysregulation and social competence: stability, change and predictive power. Journal of Intellectual Disability Research, 58, 765–776.

Bierman, K. L., Torres, M. M. & Schofield, H. – L. T. (2010). Developmental factors related to the assessment of social skills. In D. W. Nangle, D. J. Hansen, C. A. Erdley & P. J. Norton (Eds.), Practioner's guide to empirically based measures of social skills (pp. 119–134). New York: Springer.

Blair, B. L., Perry, N. B., O'Brien, M., Calkins, S. D., Keane, S. P. & Shanahan, L. (2015). Identifying developmental cascades among differentiated dimensions of social competence and emotion regulation. Developmental Psychology, 51, 1062–1073.

Bloomquist, M. L. (1996). Skills trainings for children with behavior disorders. A parent and therapist guidebook. New York: Guilford.

Bornstein, M. H., Hahn, C – S. & Haynes, O. M. (2010). Social competence, externalizing, and internalizing behavioral adjustment from early childhood through early adolescence: Developmental cascades. Development and Psychopathology, 22, 717–735.

Bühl, A. (2016). SPSS 23. Einführung in die moderne Datenanalyse. München: Pearson Studium, 15., aktualisierte Auflage.

Burt, K. B. & Roisman, G. I. (2010). Competence and psychopathology: Cascade effects in the NICHD study of early child care and youth development. Development and Psychopatho-logy, 22, 557–567.

Burt, K. B., Obradović, J., Long, J.D. & Masten, A. S. (2008). The interplay of social competence and psychopathology over 20 years: Testing transactional and cascade models. Child Development, 79, 359–374.

Caldarella, P. & Merrell, K. W. (1997). Common dimensions of social skills of children and adolescents: A taxonomy of positive behaviors. School Psychology Review, 26, 265–279.

Cartledge, G. & Milburn, J. F. (1995). Teaching social skills to children and youth: Innovative approaches (3rd ed.). Needham Heights, MA: Allyn & Bacon.

Chamakalayil, L. (2006). Social Competence Training FIT FOR LIFE – Implementation and evaluation in schools in London. Bremen: Unveröffentlichte Diplomarbeit.

CASEL Guide: Effective social and emotional learning programs – middle and high school edition. (2013). Verfügbar unter http://www.casel.org/guide/ (Zugriff vom 5.04.2016).

Comer, R. (2008). Klinische Psychologie. Heidelberg: Spektrum, 6. Auflage.

Crick, N.R. & Dodge, K. A. (1994). A review and reformulation of social information-processing mechanisms in children's social adjustment. Psychological Bulletin, 115, 74–101.

Decker, F. (1988). Gruppen moderieren – eine Hexerei? Die neue Teamarbeit – ein Leitfaden für Moderatoren zur Entwicklung und Förderung von Kleingruppen. München: Lexika.

Denham, S. A., Wyatt, T.M., Bassett, H.H., Echeverria, D. & Knox, S. S. (2009). Assessing social – emotional development in children from a longitudinal perspective. Journal of Epidemiology and Community Health, 63, 137–152.

Denham, S., Warren, H., v. Salisch, M., Benga, O., Chin J – C. & Geangu, E. (2011). Emotions and social development in childhood. In P. K. Smith & Hart, C. H. (Eds.), Wiley – Blackwell. Handbook of Childhood. Social development (pp. 413–433). Oxford: Blackwell, 2nd Edition.

Denham, S.A. (1998). Emotional development in young children. New York: Guilford.

Dodge, K. A. (1993). Social-cognitive mechanisms in the development of conduct disorder and depression. Annual Review of Psychology, 44, 559–584.
Dodge, K. A. (2010). Social information processing patterns as mediators of the interaction between genetic factors and life experiences in the development of aggressive behavior. In P. R. Shaver & M. Mikulincer (Eds.), Human aggression and violence: Causes, manifestations, and consequences (pp. 165–185). Washingtion: APA
Dodge, K. A., Laird, R., Lochman, J. E. & Zelli, A. (2002). Multidimensional latent-construct analysis of children's social information processing patterns: Correlations with aggressive behavior problems. Psychological Assessment, 14, 60–73.
Domitrovich, C. E., Cortes, R. C. & Greenberg, M. T. (2007). Improving young children's social and emotional competence: A randomized trial of the preschool „PATHS" curriculum. The Journal of Primary Prevention, 28, 67–91.
Döpfner, M. & Petermann, F. (2012). Diagnostik psychischer Störungen im Kindes- und Jugendalter. Göttingen: Hogrefe, 3., überarbeitete Auflage.
Döring, N. & Bortz, J. (2016). Forschungsmethoden und Evaluation in den Sozial- und Humanwissenschaften. Berlin: Springer, 5., überarbeitete Auflage.
Durlak, J. A. (1997). Primary prevention programs in schools. In T. H. Ollendick & R. J. Prinz (Eds.), Advances in clinical child psychology. Vol. 19 (pp. 283–318). New York: Plenum.
Eastabrook, J. M., Flynn, J. J. & Hollenstein, T. (2014). Internalizing symptoms in female adolescents: Associations with emotional awareness and emotion regulation. Journal of Child and Family Studies, 23, 487–496.
Eisenberg, N., Fabes, R.A., Guthrie, I. K. & Reiser, M. (2002). The role of emotionality and regulation in children's social competence and adjustment. In L. Pulkkinen & A. Caspi (Eds.), Paths of successful development. Personality in the life course (pp. 46–70). New York: Cambridge University Press.
Eisenberg, N. & Morris, A. S. (2001). The origins and social significance of empathy-related responding. A review of empathy and moral development: Implications for caring and justice. Social Justice Research, 14, 95–120.
Eisenberg, N., Sadovsky, A., Spinrad, T. L., Fabes, R. A., Losoya, S. H., Valiente, C. et al. (2005). The relations of problem behavior status to children's negative emotionality, effortful control, and impulsivity: Concurrent relations and prediction of change. Developmental Psychology, 41, 193–211.
Erdley, C. A., Nangle, D. W., Burns, A. M., Holleb, L. J. & Kaye, A. J. (2010). Assessing children and adolescents. In D. W. Nangle, D. J. Hansen, C. A. Erdley, P. J. Norton (Eds.), Practioner's guide to empirically based measures of social skills (pp. 69–85). New York: Springer.
Fengler, J. (1997). Supervision – Die Gruppe als Katalysator beruflicher und persönlicher Entwicklung. In G. Jugert (Hrsg.), Pädagogische Supervision. Theorie und Praxis (S. 19–40). Bremen: Wissenschaftliches Institut für Schulpraxis.
Fengler, J. (2009). Feedback geben. Strategien und Übungen. Weinheim: Beltz, 4., überarbeitete und erweiterte Auflage.
Finnie, B. & Menke, M. (1999). Das soziale und berufsvorbereitende Training Fit For Life in der Hauptschule – Durchführung an zwei Bremer Hauptschulen, Evaluation und Modifikation. Bremen: Unveröffentlichte Diplomarbeit.
Fontaine, R. G. (2010). New developments in developmental research on social information processing and antisocial behavior. Journal of Abnormal Child Psychology, 38, 569–573.
Fraser, B., McRobbie, C. & Fisher, D. (1996). Development, validation and use of personal and class forms of a new classroom environment instrument. New York: Paper presented at the annual meeting of the American Educational Research Association.
Fraser, M. W., Galinsky, M. J., Smokowski, P. R., Day, S. H., Terzian, M. A., Rose, R. A. et al. (2006). Social information-processing skills training to promote social competence and prevent aggressive behavior in the third grades. Journal of Consulting and Clinical Psychology, 73, 1045–1055.
Fuhrer, U. (2013). Jugendalter. Entwicklungsrisiken und Entwicklungsabweichungen. In F. Petermann (Hrsg.), Lehrbuch der Klinischen Kinderpsychologie (S. 119–136). Göttingen: Hogrefe, 7., veränderte Auflage
Fydrich, T & Bürgener, F. (2005). Ratingskalen für soziale Kompetenz. In N. Vriends & J. Margraf (Hrsg.), Soziale Kompetenz. Soziale Unsicherheit. Soziale Phobie (S. 81–96). Baltmannsweiler: Schneider-Verlag Hohengehren, 3., aktualisierte und vollständig überarbeitete Auflage.
Gambrill, E. (1995). Assertion skills training. In W. O'Donohue & L. Krasner (Eds.), Handbook of social skills training (pp. 81–118). Boston: Allyn & Bacon.
Garcia, N. V. & Scherf, K. S. (2015). Emerging sensitivity to socially complex expressions: A unique role for adolescence? Child Development Perspectives, 9, 84–90.
Goldstein, A. P., Glick, P., Irwin, M. J., Rubama, I. & Pask, C. (1989). Reducing delinquency: Intervention in the community. New York: Pergamon.
Goldstein, A. P., Reagles, K. W. & Amann, L. L. (1992). Refused skills: Preventing drug use in adolescents. Champaign: Research Press.
Goodman, R. (1997). The Strength and Difficulties Questionnaire: A research note. Journal of Child Psychology and Psychiatry, 38, 581–586.
Goodman, R., Meltzer, H. & Bailey, V. (1998). The Strength and Difficulties Questionnaire: A pilot study on the validity of the self-report version. European Child and Adolescent Psychiatry, 7, 125–130.
Grell, J. & Grell, M. (2010). Unterrichtsrezepte. Weinheim: Beltz,
Großmann, Ch. (1996). Projekt: Soziales Lernen. Mühlheim: Verlag an der Ruhr.

Guerra, N. G. & Bradshaw, C. P. (2008). Linking the prevention of problem behaviors and positive youth development: Core competencies for positive youth development and risk prevention. In N. G. Guerra & C. P. Bradshaw (Eds.), Core competencies to prevent problem behavior and promote positive youth development. New directions for child and adolescent development, 122, 1–17.
Günther, U. & Sperber, W. (2008). Handbuch für Kommunikations- und Verhaltenstrainer: Psychologische und organisatorische Durchführung von Trainingsseminaren. München: Reinhardt, 4., aktual. und erweiterte Auflage.
Hager, W., Patry, J. L. & Brezing, H. (2000). Evaluation psychologischer Interventionsmaßnahmen. Bern: Huber.
Hainbuch, F. (2014). Progressive Muskelentspannung (mit Audio-CD). Gräfe & Unzer, 2. Auflage.
Halberstadt, A. G., Denham, S. A. & Dunsmore, J. C. (2001). Affective social competence. Review of Social Development, 10, 79–119.
Hanewinkel, R. & Aßhauer, M. (2003). "Fit und stark fürs Leben". Universelle Prävention des Rauchens durch Vermittlung psychosozialer Kompetenzen. Suchttherapie, 4, 197–199.
Hanewinkel, R., Burow, F., Böttcher, M., Petermann, U. & Ferstl, R. (1993). Training sozialer Kompetenzen in der Schule im Rahmen der Kampagne „Rauchfreie Schule" – Ein erster Erfahrungsbericht. Kindheit und Entwicklung, 2, 256–259.
Hanewinkel, R., Petermann, U., Burow, F., Dunkel, A. & Ferstl, R. (1994). Förderung der Lebenskompetenzen von Kindern und Jugendlichen im Rahmen der Kampagne „Rauchfreie Schule". Kindheit und Entwicklung, 3, 112–116.
Harter, S. (1988). Manual: Self-perception Profile for Adolescents. Denver: University of Denver.
Hautzinger, M. (2013). Kognitive Verhaltenstherapie bei Depressionen. Weinheim: Beltz, 7., vollständig überarbeitet und erweiterte Auflage
Havighurst, R. J. (1982). Developmental tasks and education (Erstauflage 1948). New York: Longman.
Hegeler, P. (1997). Verhaltenstherapeutische Supervision. In G. Jugert (Hrsg.), Pädagogische Supervision. Theorie und Praxis (S. 55–62). Bremen: Wissenschaftliches Institut für Schulpraxis.
Heidgerken, A., D., Hughes, J. N., Cavell, T. A. & Willson, V. L. (2004), Direct and indirect effects of parenting and children´s goals on child aggression. Journal of Clinical Child and Adolescent Psychology, 33, 684–693.
Heinrichs, N., Döpfner, M. & Petermann, F. (2013). Prävention psychischer Störungen. In F. Petermann (Hrsg.), Lehrbuch der Klinischen Kinderpsychologie (S. 721–738). Göttingen: Hogrefe, 7., veränderte Auflage.
Hersen, M., Eisler, R. M. & Miller, P. M. (1973). Development of assertive responses: Clinical measurement, and research considerations. Behavior Research and Therapy, 11, 505–521.
Hinsch, R. & Pfingsten, U. (2015). Gruppentraining sozialer Kompetenzen (GSK). Weinheim: Beltz, 6. Auflage.
Hoeksema, J. B., Oosterlaan, J. & Schipper, E. M. (2004). Emotion regulation and the dynamics of feelings: a conceptual and methodological framework. Child Development, 75, 354–360.
Holodynski, M., Seeger, D., Kortas-Hartmann, P. & Wörmann, V. (2014). Placing emotion regulation in a developmental framework of selfregulation. In K. C. Barrett, N. A. Fox, G. A. Morgan, D. J. Fidler & L. A. Daunhauer (Eds.). Handbook of self – regulatory processes in development. New directions and international perspectives (pp. 27–59). New York: Psychology Press.
Holopainen, L., Lappalainen, K., Junttila, N. & Savolainen, H. (2012).The role of social competence in the psychological well – being of adolescents in secondary education. Scandinavian Journal of Educational Research, 56, 199–212.
Holsen, I., Smith, B. H. & Frey, K.S. (2008). Outcomes of the social competence program Second step in Norwegian elementary schools. School Psychology International, 29, 71–88.
Horsley, T.A., Orobio de Castro, B. A. & Van der Schoot, M. (2010). In the eye of the beholder: Eyetracking assessment of social information processing in aggressive behavior. Journal of Abnormal Child Psychology, 38, 587–599.
Huber, M. (2003). Trauma und die Folgen. Paderborn: Junfermann.
Hurrelmann, K. & Quenzel, G. (2013). Lebensphase Jugend. Eine Einführung in die sozialwissenschaftliche Jugendforschung, Weinheim: Beltz, 12. Auflage.
Jacobson, E. (1990). Entspannung als Therapie. Progressive Relaxation in Theorie und Praxis. München: Pfeiffer.
Janusz-Korczak-Schule Ibbenbüren (2015). Förderschule des Kreises Steinfurt. Untersuchung zur Wirksamkeit des FIT FOR LIFE-Trainings im Längsschnitt mit einem Untersuchungszeitraum von 5 Schuljahren. Online abrufbar unter: https://jk-schule.de/schulinterne-evaluation-an-der-jks/ (14.03.2016).
Joffe, R. D., Dobson, K. S., Fine, S., Marriage, K. & Halay, G. (1990). Social problem-solving in depressed, conduct disordered, and normal adolescents. Journal of Abnormal Child Psychology, 18, 565–575.
Jugert, G. (1998). Zur Effektivität pädagogischer Supervision. Frankfurt: Lang.
Jugert, G. (2004). Evaluation der „Fördermaßnahme zur Senkung der Wiederholerquote sowie zur Verbesserung der Abschlussquoten" im 1. Halbjahr des Schuljahres 2003/2004 mit Hilfe des FIT FOR LIFE. Bremen: Bremer Institut für Pädagogik und Psychologie.
Jugert, G. & Chamakalayil, L. (2006). Bericht über die Evaluation zur Durchführung des Trainings FIT FOR LIFE in der Eingangsstufe einer Berufsfachschulklasse (bbFS) Schulzentrum N.N. Bremen: Bremer Institut für Pädagogik und Psychologie.
Jugert, G. & Chamakalayil, L. (2007). Evaluation des LOS-Projekts FIT FOR LIFE I. Bremen: Bremer Institut für Pädagogik und Psychologie.
Jugert, G. & Chamakalayil, L. (2008). Evaluation des LOS-Projekts FIT FOR LIFE II. Bremen: Bremer Institut für Pädagogik und Psychologie.
Jugert, G., Haber, F., Holsten, U. & Petermann, F. (1999). Kompetenztraining für benachteiligte Jugendliche. Ein Pilotprojekt. Kind-Jugend-Gesellschaft, 44, 84–89.

Jugert, G., Jugert, H. & Notz, P. (2014). Fit für kulturelle Vielfalt. Training interkultureller Kompetenz für Jugendliche. Weinheim und Basel: Beltz Juventa.
Jugert, G., Kreutz, D., Rehder, A. & Petermann, F. (1999). Fit for life. Kompetenztraining für benachteiligte Jugendliche. Neue Caritas, 100, 20–23.
Jugert, G., Rehder, A., Notz, P. & Petermann, F. (2000). Odysseus FIT FOR LIFE – Berufsbezogene Verhaltensförderung sozial benachteiligter Jugendlicher. Bremen: Zentrum für Klinische Psychologie und Rehabilitation der Universität Bremen.
Jugert, G., Rehder, A., Notz, P. & Petermann, F. (2017). FIT FOR LIFE. Module und Arbeitsblätter zum Training sozialer Kompetenz für Jugendliche. Weinheim und Basel: Beltz Juventa, 11., überarbeitete und erweiterte Auflage.
Jugert, G., Scheithauer, H., Notz, P. & Petermann, F. (2000). Geschlechterunterschiede im Bullying: Indirekt-/relational- und offen-aggressives Verhalten unter Jugendlichen. Kindheit und Entwicklung, 9, 231–240.
Jugert, G., Tänzer, U., Verbeek, D. & Wiest, U. (1997). Schulinterne Supervision. Das Bremer Modell. Ziele, Formen und Ergebnisse. In G. Jugert (Hrsg.), Pädagogische Supervision. Theorie und Praxis (S. 67–75). Bremen: Wissenschaftliches Institut für Schulpraxis.
Jurkowski, S. & Hänze, M. (2014). Diagnostik sozialer Kompetenzen bei Kindern und Jugendlichen. Entwicklung und erste Validierung eines Fragebogens. Diagnostica, 60, 167–180.
Kanfer, F. H., Reinecker, H. & Schmelzer, D. (2012). Selbstmanagement-Therapie. Berlin: Springer, 5. Auflage.
Kanning, U. P. (2009a). Diagnostik sozialer Kompetenzen. Göttingen: Hogrefe. 2., erweiterte Auflage
Kanning, U. P. (2009b). Inventar sozialer Kompetenzen. Göttingen: Hogrefe.
Kauffman, N. A. & Kinnealey, M. (2015). Comprehensive social skills taxonomy: Development and application. American Journal of Occupational Therapy, 69, doi:10.5014/ajot.2015.013151.
Klippert, H. (2012). Methodentraining. Übungsbausteine für den Unterricht. Weinheim: Beltz, 20. unveränderte Auflage.
Koglin, U. & Petermann, F. (2013a). Kindergarten – und Grundschulater: Entwicklungsrisiken und Entwicklungsabweichungen. In F. Petermann (Hrsg.), Lehrbuch der Klinischen Kinderpsychologie (S. 101–118). Göttingen: Hogrefe, 7., veränderte Auflage.
Koglin, U. & Petermann, F. (2013b). Verhaltenstraining im Kindergarten. Göttingen: Hogrefe, 2., überarbeitete Auflage.
Kullik, A. & Petermann, F. (2012). Emotionsregulation im Kindesalter. Göttingen: Hogrefe.
Kuschel, A., Miller, Y., Köppe, E., Lübke, A., Hahlweg, K. & Sanders, M. (2000). Prävention von oppositionellen und aggressiven Verhaltensstörungen bei Kindern: Triple P – ein Programm zu einer positiven Erziehung. Kindheit und Entwicklung, 9, 20–29.
Lansford, J.E., Malone, P.S., Dodge, K. A., Crozier, J. C., Pettit, G. S. & Bates,J.E. (2006). A 12-year prospective study of patterns of social information processing problems and externalizing behaviors. Journal of Abnormal Child Psychology, 34, 715–724.
Lansford, J. E., Malone, P.S., Dodge, K. A., Pettit, G. S. & Bates, J. E. (2010). Developmental cascades of peer rejection, social information processing biases, and aggression during middle childhood. Development and Psychopathology, 22, 593–602.
Lemerise, E. A. & Arsenio, W. F. (2000). An integrated model of information processes and cognition in social information. Child Development, 71, 107–118.
Lerner, R. M., Lerner, J. V., Almerigi, J., Theokas, C., Phelps, E.,Gestsdottir, S. et al. (2005). Positive youth development,participation in community youth development programs, and community contributions of fifth grade adolescents: Findings from the first wave of the 4-H Study of Positive Youth Development. Journal of Early Adolescence, 25, 17–71.
Linehan, M. (1996). Trainingsmanual zur dialektisch-behavioralen Therapie der Borderline-Persönlichkeitsstörung. München: CIP-Medien.
Lipsey, M.W. & Wilson, D. B. (2000). Practical Meta-Analysis. SAGE Publications.
Lochman, J. E. & Dodge, K. A. (1998). Distorted perception in dyadic interactions of aggressive an nonaggressive boys: Effects of prior expectations, context, and boy´s age. Development and Psychopathology, 10, 495–512.
Loeber, R. & Farrington, D. P. (Eds.) (1998). Serious and violent juvenile offenders: Risk factors and successful interventions. Thousand Oaks: Sage.
Mahmoudi, A. & Moshayedi, G. (2012). Life skills education for secondary education. Life Science Journal, 9, 1155–1158.
Matthys, W. & Lochman, J. D. (2005). Social problem solving in aggressive children. In M. McMurran & J. McGuire (Eds.), Socials problem solving and offending (pp. 51–66) Chichester: Wiley.
McFall, R. M. & Dodge, K. A. (1982). Self-managemet and interpersonal learning. In P. Karoly & F. H. Kanfer (Eds.), Self-management and behavior change (pp. 353–392). New York: Pergamon.
McNeely, C. A., Nonnemaker, J. M. & Blum, R. W. (2002). Promoting school connectedness: Evidence from the National Longitudinal Study of Adolescent Health, Journal of School Health, 72, 138–146.
Meier, U. & Tillmann, K.-J. (1995). Gewalt in der Schule. Die Perspektive der Schulleiter. Sonderforschungsbereich „Prävention und Intervention“. Bielefeld: Universität Bielefeld.
Merell, K. W. & Gimpel, G. A. (2014). Social skills of children and adolescents: conzeptualization, assessment, treatment. New York: Psychology Press.
Mesa, F., Beidel, D. C. & Bunnell, B. E. (2014). An examination of psychopathology and daily impairment in adolescents with social anxiety disorder. PlosOne 9 (4).
Monka, M., Schöneck, N. & Voss, W. (2008). Statistik am PC. Lösungen mit Excel. München: Hanser, 5., aktualisierte und erweiterte Auflage.

Mutzeck, W. (2014). Kooperative Beratung. Weinheim: Beltz, 4., überarbeitete und erweiterte Auflage
Oerter, R. & Montada, L. (Hrsg.) (2002). Entwicklungspsychologie. Weinheim: Beltz: Psychologie Verlags Union. 5., vollständig überarbeitete Auflage.
Olweus, D. (2004). The Olweus Bullying Prevention Programme: design and implementation issues and a new national initiative in Norway. In Smith, P. K., Pepler, D. & Rigby, K. (2004). Bullying in schools, how successful can interventions be? (pp. 13–37). New York: Cambridge University Press.
Olweus, D. (2006). Gewalt in der Schule. Was Lehrer und Eltern wissen sollten – und tun können. Bern: Huber, 4. durchgesehene Auflage.
Orobio de Castro, B., Veerman, J. W., Kopps, W., Bosch, J. D. & Monshouwer, H. J. (2002). Hostile attribution of intent und aggressive behavior: A meta-analysis. Child Development, 73, 916–934.
Orobio de Castro, B., Koops, W. & Meerum Terwogt, M. (2004). Emotional information processing in boys with disruptive behavior disorders. In I. Nyklicek, A. J. J. M. Vingerhoets & L. R. Temoshok (Eds.), Emotional expression and health. New York: Harwood Academic Publishers.
Osterman, K.F. (2000). Students' need for belonging in the school community. Review of Educational Research 70, 323–367.
Pallasch, W. (2002). Unterrichtliche Supervision. In W. Pallasch, W. Mutzeck & H. Reimers (Hrsg.), Beratung – Training – Supervision. Eine Bestandsaufnahme über Konzepte zum Erwerb von Handlungskompetenz in pädagogischen Arbeitsfeldern. Weinheim: Juventa. 3. Auflage.
Partschefeld, E. & Jugert, P. (2010): Evaluation des Trainings: FIT FOR LIFE mit Berufsfachschülern an einem Berufsbildungszentrum (Metall). Leipzig: Bremer Institut für Pädagogik und Psychologie.
Petermann, F. (Hrsg.) (1995). Pädagogische Supervision. Salzburg: Otto Müller.
Petermann, F. (1997). Pädagogische Supervision: Ziele, Funktionen, Formen und Erwartungen. In G. Jugert (Hrsg.), Pädagogische Supervision. Theorie und Praxis (S. 10–18). Bremen: Wissenschaftliches Institut für Schulpraxis.
Petermann, F. (2002). Klinische Kinderpsychologie: Das Konzept der sozialen Kompetenz. Zeitschrift für Psychologie, 210, 175–185.
Petermann, F. (2012a). Psychologie des Vertrauens. Göttingen: Hogrefe, 4., überarbeitete Auflage.
Petermann, F. (Hrsg.) (2013b). Lehrbuch der Klinischen Kinderpsychologie. Göttingen: Hogrefe. 7., überarbeitete und erweiterte. Auflage.
Petermann, F., Jugert, G., Tänzer, U. & Verbeek, D. (2012). Sozialtraining in der Schule. Weinheim: Beltz, 3., überarbeitete Auflage.
Petermann, F., Jugert, G., Verbeek, D. & Tänzer, U. (2008). Verhaltenstraining mit Kindern. In G. Holtappels, W. Heitmeyer, W. Melzer & K.-J. Tillmann (Hrsg.), Forschung über Gewalt an Schulen. Erscheinungsformen und Ursachen, Konzept und Prävention (S. 315–329). Weinheim: Beltz Juventa, 5. Auflage.
Petermann, F., Koglin, U., Natzke, H. & v. Marées, N. (2013). Verhaltenstraining in der Grundschule. Göttingen: Hogrefe, 2., überarbeitete Auflage.
Petermann, F. & Petermann, U. (2010). Training mit Jugendlichen. Göttingen: Hogrefe, 9., überarbeitete Auflage.
Petermann, F. & Petermann, U. (2012). Training mit aggressiven Kindern. Weinheim: Beltz, 13., überarbeitete Auflage.
Petermann, F., Petermann, U. & Nitkowski, D. (2016). Emotionstraining in der Schule. Göttingen: Hogrefe.
Petermann, F., Natzke, H., Gerken, H. & Walter, H.-J. (2016). Verhaltenstraining für Schulanfänger. Göttingen: Hogrefe, 4., veränderte und erweiterte Auflage.
Petermann, F. & Vaitl, D. (Hrsg.) (2014). Entspannungsverfahren. Das Praxishandbuch. Weinheim: Beltz, 5., vollständig überarbeitete und korrigierte Auflage.
Petermann, F. & Wiedebusch, S. (2016). Emotionale Kompetenz bei Kindern. Göttingen: Hogrefe, 3., veränderte Auflage.
Petermann, U., Koglin, U., Petermann, F. & Heffter, P. (2010). Kompetenzaufbau durch das JobFit-Training für Schulklassen. Psychologie in Erziehung und Unterricht, 57, 144–152.
Petermann, U. & Petermann, F. (2013a). Lehrereinschätzliste für Sozial- und Lernverhalten (LSL). Göttingen: Hogrefe, 2., veränderte Auflage.
Petermann, U. & Petermann, F. (2013b). Störungen des Sozialverhaltens. In F. Petermann (Hrsg.), Lehrbuch der Klinischen Kinderpsychologie (S. 291–317). Göttingen: Hogrefe, 7., veränderte Auflage.
Petermann, U. & Petermann, F. (2014). Schülereinschätzliste für Sozial- und Lernverhalten (SSL). Göttingen: Hogrefe.
Petermann, U. & Petermann, F. (2015). Training mit sozial unsicheren Kindern. Weinheim: Beltz, 11., überarbeitete und erweiterte Auflage
Petermann, U. & Suhr-Dachs, L. (2013). Soziale Phobie. In F. Petermann (Hrsg.), Lehrbuch der Klinischen Kinderpsychologie (S. 369–386). Göttingen: Hogrefe, 7., überarbeitete und erweiterte Auflage.
Piaget, J. & Inhelder, B. (1955). La genèse de l'idée de l'enfant à la logique de l'adolescent. Paris: Presses Universitaires de France.
Pielmaier, H. (Hrsg.) (1980). Training sozialer Verhaltensweisen. Ein Programm für die Arbeit mit dissozialen Jugendlichen. München: Kösel.
Preiser, S. & Wagner, U. (2003). Gewaltprävention und Gewaltminderung. Report Psychologie, 11/12 2003, 660–666.
Proudfoot, J., Guest, D., Carlson, J., Dunn, G. & Gray, J. (1997). Effect of cognitive-behavioural training on job-finding among long-term unemployed people. Lancet, 350, 96–100.
Rehder, A., Notz, P. & Jugert, G. (2005) Abschlussbericht über das Chance – Teilprojekt FIT FOR LIFE in der Jugendvollzugsanstalt N.N. Bremen: Bremer Institut für Pädagogik und Psychologie.

Reimers, H. (2000). Sich begleiten lassen – Supervision zur Unterstützung von Schulentwicklungsprozessen. In U. Hameyer, W. Fleischer-Bickmann & H. Reimers (Hrsg.), Schulprogramme. Porträts ihrer Entwicklung (S. 243–263). Kronshagen: Körner.

Roos, S. & Petermann, U. (2005). Zur Wirksamkeit des „Trainings mit Jugendlichen" im schulischen Kontext. Zeitschrift für Klinische Psychologie, Psychiatrie und Psychotherapie, 53, 262–282.

Rotering-Steinberg, S. (1985). Kollegiale Supervision zur Unterstützung und Bewältigung des Berufsalltags. In S. Rotering-Steinberg, B. Sieland & D. Wahl (Hrsg.), Pädagogisch-psychologische Grundlagen für das Lernen in Gruppen. Studienbrief 2: Kooperation zwischen Lehrern (S. 54–100). Tübingen: Deutsches Institut für Fernstudien.

Rotering-Steinberg, S. (1995). Kollegiale Supervision oder Kollegiales Coaching. In F. Petermann (Hrsg.). Pädagogische Supervision (S. 53–67). Salzburg: Otto Müller.

Rotering-Steinberg, S. (1996). Kollegiale Supervision in informellen Gruppen für Pädagoginnen und Pädagogen. In J. Schlee & W. Mutzeck (Hrsg.), Kollegiale Supervision. Modelle zur Selbsthilfe für Lehrerinnen und Lehrer (S. 100–125). Heidelberg: Schindele.

Rothländer, K., Mühlpfordt, S. & Richter, P. (2012). Evaluation des Gesundheitsförderprogramms „Aktive Bewältigung von Arbeitslosigkeit (AktivA)". Zeitschrift für Gesundheitspsychologie, 20, 115–127.

Saarni, C. (2002). Die Entwicklung von emotionaler Kompetenz in Beziehungen. In M. v. Salisch (Hrsg.), Emotionale Kompetenz entwickeln: Grundlagen in Kindheit und Jugend (S. 3–29). Stuttgart: Kohlhammer.

Scheithauer, H., Hayer, T. & Petermann, F. (2003). Bullying unter Schülern. Göttingen: Hogrefe.

Scheithauer, H., Hayer, T., Petermann, F. & Jugert, G. (2006). Physical, verbal, and relational forms of bullying among German students: Age trends, gender differences, and correlates. Aggressive Behavior, 32, 261–275.

Schlee, J. & Mutzeck, W. (1996). Supervision für Lehrerinnen und Lehrer. In J. Schlee & W. Mutzeck (Hrsg.), Kollegiale Supervision. Modelle zur Selbsthilfe für Lehrerinnen und Lehrer (S. 9–22). Heidelberg: Schindele.

Schomaker, H., Schultheiß, J., Petermann, F. & Petermann, U. (2015). Mangelnde soziale Kompetenz im Jugendalter. Kindheit und Entwicklung, 24, 123–130.

Schultheiß, J., Petermann, U. & Petermann, F. (2012). Zur Wirksamkeit des JobFit – Trainings für Jugendliche. Zeitschrift für Psychiatrie, Psychologie und Psychotherapie, 60, 145–151.

Schultheiß, J., Petermann, U. & Petermann, F. (2013). Zur längerfristigen Wirksamkeit des JobFit-Trainings für Jugendliche. Verhaltenstherapie mit Kindern & Jugendlichen, 9, 95–103.

Schwarzer, R. (2000). Stress, Angst und Hilflosigkeit. Stuttgart: Kohlhammer, 2. Auflage.

Seligman, M. E. P. (1999). Erlernte Hilflosigkeit. München: Psychologie Verlags Union, 3. Auflage.

Sorlie, M.-A., Hagen, K. A. & Ogden, T. (2008). Social competence and antisocial behavior: Continuity and distinctiveness across early adolescence. Journal of Research on Adolescence, 18, 121–144.

Specht, M. K. I. & Petermann, F. (1999). Der Einsatz des Rollenspiels im Training sozial ängstlicher Kinder. Kindheit und Entwicklung, 8, 218–225.

Steyer, R., Eid, M. & Schwenkmezger, P. (1997). Modeling true intraindividual change: True change as a latent variable. Methods of Psychological Research Online, Vol. 2, No. 1.

Steyer, R., Hannöver, W., Telser, C. & Kriebel, R. (1997). Zur Evaluation intra-individueller Veränderung. Zeitschrift für Klinische Psychologie, 26, 291–299.

Stöckler, C. & Jugert, G. (2009). Evaluation des Trainings FIT FOR LIFE mit Berufsfachschülern an einer Berufsbildenden Schule (BBS). Bremen: Bremer Institut für Pädagogik und Psychologie.

Verbeek, D. & Petermann, F. (1999). Gewaltprävention in der Schule: Ein Überblick. Zeitschrift für Gesundheitspsychologie, 7, 133–146.

Weidenmann, B. (2011). Update für Trainer. Bonn: Manager Seminare Verlag.

Weigand, W. (1995). Die Deutsche Gesellschaft für Supervision. Perspektiven und Ziele des Berufsverbandes. Organisationsberatung, Supervision, Clinical Management, 2, 89–91.

Weissberg, R. P. & O'Brien, M. U. (2004). What works in school-based social and emotional learning programs for positive youth development. The Annals of the American Academy of Political and Social Science, 591, 86–97.

Wilson, K. R., Jordan, J. A. & Kras, A. M. (2010). Adolescents measure. In D. W. Nangle, D. J. Hansen, C. A. Erdley & P. J. Norton (Eds.), Practioner's guide to empirically based measures of social skills (pp. 327–382). New York: Springer.

Wolpe, J. (1958). Psychotherapy by reciprocal inhibition. Stanford: Stanford University Press.

Wottawa, H. & Thierau, H. (2003). Lehrbuch Evaluation. Bern: Huber, 3. Auflage.

Young, E. L., Caldarella, P., Richardson, M. J. & Young, K. P. (2012). Promoting behaviour support in secondary students: A practical guide. New York: Guilford Press.

Zimmer, R. (2005). Handbuch der Sinneswahrnehmung. Grundlagen einer ganzheitlichen Bildung und Erziehung. Freiburg: Herder.

Ziv, Y. & Sorongon, A. (2011). Social information processing in preschool children: Relation to sociodemographic risk and problem behavior. Journal of Experimental Child Psychology, 109, 412–429.